Armin Kistenbrügge

#deinegeschichte

ARMIN KISTENBRÜGGE

#deine geschichte

LEBE DEINEN GLAUBEN

neukirchener

INHALT

MITKOMMEN. ICH

Du bist im Kino. Die Schlussszene läuft. Das Liebespaar hat sich gefunden, Filmkuss zum Abschluss ... und dann wird ausgeblendet. Der Film ist vorbei. Wie schade. Man will wissen, wie es weitergeht, aber dann kommt nur noch der Abspann. Im Märchen heißt es dann immer: „Und wenn sie nicht gestorben sind, dann leben sie noch heute." Aber wie? Eigentlich bleibt es doch auch nach dem Happy End einer Geschichte noch spannend. Oder wird's dann langweilig, wenn der Alltag anfängt? Kommt das eigentliche Abenteuer womöglich erst noch?

Im christlichen Glauben ist das manchmal ähnlich. Oft bekommt man Geschichten erzählt, die immer dann zu Ende sind, wenn einer Gott gefunden hat oder Jesus nachfolgt. Hier, bei Levi zum Beispiel (Markus 2,14) – der saß in seinem Zollhäuschen vor der Stadt, Jesus geht vorbei und sagt nur: „Kommste mit?" Und Levi macht nicht mal die Ladenkasse zu, schließt nicht ab, lässt alles stehen und liegen und geht mit. Wie geht's danach denn dann weiter? Kommt da noch was? Das hat mich genauso interessiert wie die Frage, was da vorher passiert ist. Wie kommt man zu so einem Entschluss? Wie gelangt man überhaupt in die Situation, dass man so einen „Ruf" wie „Kommste mit?" hört? Wie wird so eine Verbindung mit Jesus aufgebaut, und wie macht man das dann, mitzukommen, also „mit Gott zu leben"?

Auf beide Fragen sollst du hier eine Antwort finden. Wenn du also Gottes Geschichte kennengelernt hast und ihm das glaubst, dass er auch deine Geschichte kennt, sogar noch besser als du selbst – wie finden beide dann zusammen, deine und #gottesgeschichte? Wie wird also aus #gottesgeschichte #deinegeschichte? Darum geht es in diesem Buch.

ZEIGS DIR.

Ich möchte dir einfach beschreiben, was es bedeutet, deinen Glauben wirklich zu leben. Warum du gute Gründe hast, Jesus zu vertrauen. Und welche Konsequenzen das hat. Was du erwarten darfst. Worauf du dich freuen kannst. Ich werde dich dabei persönlich ansprechen, als würde ich dir in einer Reihe von Briefen erklären, was ich meine. Ich versuche dabei, so wenig theologische Fremdwörter wie möglich zu verwenden. Manchmal gebe ich einen Hinweis auf einen zentralen Bibelvers, den ich erkläre. Bitte schlage ihn nach, wenn ich ihn nicht ausführlich zitiere! Ich hoffe, es ist in Ordnung, wenn ich der Einfachheit halber die männliche Form für Personen benutze. Wenn du einen Abschnitt anderen vorlesen möchtest, kannst du ja leicht variieren und zum Beispiel immer die weibliche Form nehmen. Damit du auch in einer Gruppe über die Kapitel sprechen kannst, gibt es am Ende jedes Kapitels ein paar Vorschläge fürs Gespräch: einen Icebreaker, um sich für das Gespräch aufzuwärmen und ein paar Fragen oder Impulse zum Weiterdenken, um hinterher tiefer einzusteigen. Und zum Schluss einen Bibelvers zum „Beherzigen“.

Für die Art und Weise meiner Beschreibung gibt es ein sehr altes Vorbild: Der Kirchenvater Augustinus, der im 5. Jahrhundert in Nordafrika lebte (da wo heute Tunesien ist), hat mal einen Brief aus Rom bekommen. Da wollte ein gewisser Laurentius wissen, was das Wesentliche im christlichen Glauben ist, aber auf den Punkt gebracht, ohne rumzueiern. Und Augustinus schrieb ihm eine Kurzfassung, indem er einfach erklärte, was Glaube, Liebe und Hoffnung (1. Korinther 13,13) bedeuten. Da steckt eigentlich alles drin. Das mache ich auch: Im ersten Teil geht es um den Glauben: Wie man eine Verbindung zu Gott kriegt und was dazugehört. Im zweiten Teil beschreibe ich die Liebe, die dir Gott schenkt und die du weitergeben sollst. Denn so geht es, deinen Glauben zu leben. Und im dritten Teil geht es um die Hoffnung: die Hoffnung, dass deine Geschichte mit Gott ein Happy End hat, auch wenn das Leben kein Ponyhof ist.

GLAUBE

Dein Glaube, das ist die Beziehung, die du zu Gott hast. Wie kommt die eigentlich zustande? Wie kommt man mit Gott in Verbindung? Und wie bleibt man verbunden?

Darum geht es jetzt.
Wenn du diese besondere Art der Verbindung kennenlernst, verstehst du auch den christlichen Glauben!

Zuerst möchte ich dir zeigen, wie eine echte Beziehung zu Gott entsteht und was das für dich bedeutet: zu einer „Familie" zu gehören, die über Jesus mit Gott untrennbar verbunden ist.

Eine Beziehung ist ja keine Einbahnstraße. Dazu gehören zwei, die sich austauschen: Deshalb geht es hier um das Beten und darum, wie man auf Gott „hören" kann.

Und zum Schluss darum, wie nah du Gott kommen kannst. Um die größte Nähe, die hier möglich ist.

#1
GOTT
WIRKT.
SOGAR
BEI DIR.
VANS

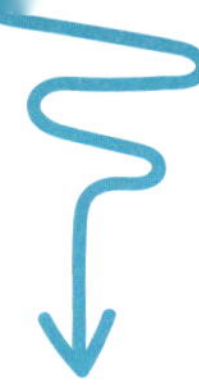

Willst du wirklich wissen, ob es Gott gibt und wie er wirklich ist? Dann brauchst du Mut. Das ist so wie bei der Story von dem legendären Stuntman: Gerade ist er auf einem Seil über den Abgrund der Niagarafälle balanciert. Stell dir vor, du stehst dabei im Publikum und applaudierst hinterher mit den anderen. Aber dann fragt er dich persönlich: „Glaubst du, dass ich das auch mit einer Schubkarre in der Hand wieder zurückschaffe?“ Du sagst: „Öh, ja, glaub ich schon, trau ich dir zu.“ Der Artist zeigt auf dich, und die Menge jubelt. Tosender Applaus für dich! „Dieser junge Mann glaubt an mich! Wunderbar!“ Und dann lädt er dich ein: „Dann komm, steig in die Schubkarre, ich fahr dich rüber.“ Schluck. Und genauso ist das mit Gott: Nur so, indem du dich mit Haut und Haaren auf dieses Abenteuer einlässt, wirst du auch Gott „erfahren“. Sonst kennst du nur die Geschichte. Vom Hörensagen. Aber du hast sie nicht erlebt. Erst wenn du Gott bei dir „wirken“ lässt, erlebst du die „Wirklichkeit“ Gottes. Du kannst bei der Frage, ob es Gott „wirklich“ gibt, nicht unbeteiligt bleiben. Und erst mal zugucken wollen, was Gott so anstellt, um dir zu zeigen, dass er da ist.

Wer nach Gott fragt, dem kann die Frage eigentlich nicht egal sein. Weil er Halt sucht. Weil er nicht glauben kann, dass seine Geschichte irgendwann aus ist und der Tod das letzte Wort hat. Wenn du so fragst, dann bist du schon mittendrin im Geschehen. Dann geht es für dich ans Eingemachte. Dann sitzt du schon nicht mehr auf der Zuschauertribüne und wartest erst mal ab. Also: Bleib nicht sitzen und lass dir was vorspielen, als würde Gott in deinem Film mitspielen, sondern steig in die Karre und spiel mit in Gottes Abenteuer! Such Gott nicht in deiner Story, sondern spiel mit in Gottes Geschichte! Sonst bleibt sie für dich bloß Fantasie und Fiktion. Aber wenn du Gott bei dir wirken lässt, dann merkst du, dass du *seine* Idee bist und nicht er *deine*!

Manche zweifeln ja, ob Gott nicht eine Erfindung der Menschen wäre. Das Gleiche gilt auch für die Frage, wie Gott ist: Wenn man nicht mit ihm in Kontakt kommt, saugt man sich bloß was aus den Fingern und kommt doch nie über die eigenen Vorstellungen hinaus. Man landet dabei nicht bei Gott, sondern letzten Endes doch bloß wieder beim eigenen Spiegelbild, wenn Gott sich dir nicht öffnet. Das ist gemeint, wenn von Offenbarung die Rede ist: Gott erkennen kann nur, wem Gott sich zeigt. Aber das gelingt erst, wenn auch du dich öffnest. Wenn du ihm erlaubst, bei dir zu wirken. Gott ist an der Stelle nämlich ziemlich höflich und überrumpelt niemanden. Gott muss also auf dich zukommen, und du kannst dabei auch nicht bleiben, wo du bist. Dass ihr beide euch begegnet, dazu gehören zwei.

Deshalb fangen wir genau an der Stelle an: wo Gott bei dir an der Arbeit ist – oder damit anfangen will. Wir starten in der Gegenwart: wo Gott jetzt da ist. Nämlich bei dir. Das bedeutet konkret: bei der Verbindung zwischen dir und Gott. Wie Gott dich mit hineinnimmt in seine Geschichte, sodass du Mitspieler in der Story bist und kein Zuschauer mehr. Das passiert durch den Heiligen Geist, der genau das ist: deine Verbindung zu Gott. Das Gute ist, dass dann die beiden anderen auch mit dabei sind: Jesus. Und mit ihm auch Gott, der Vater.

Hat man einen, hat man alle drei. Du kommst nämlich an Jesus gar nicht anders ran. Die Story liegt 2000 Jahre zurück. Aber durch den Heiligen Geist bist du schon mittendrin. Hinter dieser Überlegung steht der Gedanke von der Drei-Einheit Gottes (Trinität). Das ist keine Geheimwissenschaft. Diese Einsicht ist bei den Christen langsam gewachsen. Man stößt unweigerlich darauf, wenn man zu erklären versucht, wie Gott sich uns zeigt – und wie man überhaupt eine Verbindung zu Gott bekommt, ohne ihn mit seinen Wunschbildern zu verwechseln.

Lass dich auf Gott ein.
Leb mit ihm, und du erlebst ihn.
#einsteigenfesthalten

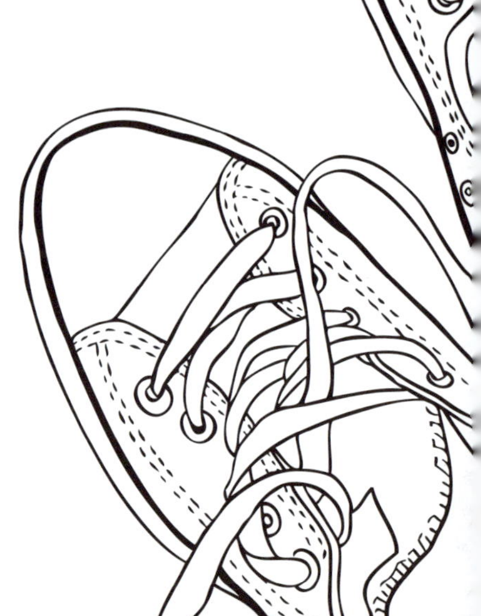

Icebreaker:

Bist du schon mal losgefahren, ohne zu wissen, wo du ankommst?

Impulse zum Weiterdenken:

→ Hast du manchmal Zweifel, ob Gott da ist? Wie findest du aus dem Zweifel raus in die Gewissheit, dass Gott da ist und dich sucht?

→ Wie wäre es, wenn man beim Glauben das „Experiment" machen und einfach mal davon ausgehen würde, dass Gott da ist und wirkt? Was könnte passieren?

→ Wie haben sich deine Vorstellungen von Gott im Laufe der Zeit verändert?

Bibelvers zum Beherzigen:

„Niemand hat Gott je gesehen; der Eingeborene, der Gott ist und in des Vaters Schoß ist, der hat es verkündigt."

(Johannes 1,18)

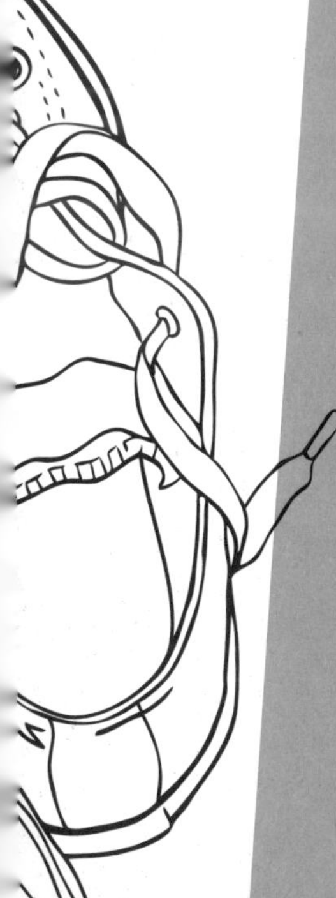

#2.

JESUS. ECHT MENSCH.

Wenn du Gott kennenlernen willst, guck dir Jesus an. Die Verbindung zu Gott läuft über ihn. Allein. Denn so hat Gott Kontakt zu *uns* aufgenommen. (Johannes 1,18) Und ohne dass Gott sich meldet, kommt keine Verbindung zustande. Gott kann man nicht nahekommen, wenn er sich nicht auf unsere Augenhöhe runterbeamt. Genau das wollte Gott: Die Menschen da treffen, wo sie sind. Da, wo der Kontakt gerissen war. Wo die Beziehung gestört ist. Alles hatte er probiert. Davon erzählt die ganze Bibel: von Gottes Versuchen, den Menschen den Weg zu ihm zurück zu zeigen. Durch Gebote. Durch Treue. Durch Worte, durch Botschaften von Propheten. Nichts hatte funktioniert. Bis er schließlich alles riskiert hat und selber gekommen ist. Gott war so wie ein Weinbergbesitzer, wo die Pächter sich den Besitz einfach unter den Nagel gerissen hatten. Alle Versuche, sich zu einigen und klarzumachen, wem hier was gehört, waren für die Katz. Bis der Winzer schließlich seinen Sohn schickt: „Den werden sie ja wohl hoffentlich nicht einfach vom Hof jagen, sondern sich anhören, was er zu sagen hat." Die Story hat Jesus mal erzählt. (Matthäus 21,33-39) Du ahnst sicher, wie sie ausgeht.

Dabei konnte man wirklich was davon merken, dass Gott in der Nähe ist, wenn man Jesus begegnete. Jesus hat so gelebt, als gäbe es die tiefe Trennung zwischen den Menschen und Gott gar nicht. Das, was die Bibel „Sünde" nennt. So hat er gelebt, und zwar mittendrin in der von Gott getrennten Welt: Da wo der Ponyhof aufhört und das Leben anfängt, wie es wirklich ist. Mitten in der Ungerechtigkeit, im Kampf ums Dasein, wo es immer Verlierer gibt. Da ging Jesus hin. Und segnete die Bedürftigen, die im Leben zu kurz gekommen waren. Er fasste Leprakranke an, um die jeder einen großen Bogen macht. Er wendete sich sogar Menschen zu, die es gar nicht verdient hatten. Er liebte seine Feinde. So wie Gott es tut. Er hielt die andere Backe hin, wenn ihm jemand eine verpasste. Sprach von der Vergebung als Geschenk, einfach so. Ohne Bezahlung. Als Gnade. Schenkte sie jedem, der die Hand ausstreckte. Und behauptete, nur so könnte man Gott nahekommen. Wer Jesus begegnete, merkte: Der ist anders. Der ist so, wie Gott sich die Menschen eigentlich ausgedacht hatte. Nicht als seine Konkurrenten, sondern als Freunde. Bei Jesus war das so: Da spürte man nichts von diesem Egoismus, der sonst in allen Menschen steckt und alles vergiftet. In seiner Gegenwart war das Leben einfach schön, und schön einfach; ohne jeden Anflug von der Gier, bloß nichts zu verpassen. Er wusste von Geiz ungefähr

so viel wie einer, der nicht mal ein Portemonnaie hat. Er war auf keinen eifersüchtig, hielt sich nicht für was Besseres und musste sich nicht ständig vergleichen. Er konnte erst zufrieden sein, wenn es mindestens einen gab, dem es schlechter geht oder der was schlechter konnte. Er riet den Leuten, nicht auf Biegen und Brechen auf ihrem Recht zu beharren und gleich mit dem Anwalt zu drohen, sondern hätte zur abgezogenen Jacke auf dem Schulweg noch die Schuhe dazugegeben. Ohne sich auf die spätere Rache zu freuen. (Lies dazu Matthäus 5,38 bis 48.)
Aber eins fehlte ihm. Etwas, das eigentlich jeder zum Überleben braucht. Um gut durchzukommen: Jesus hatte nicht die Fähigkeit zum Verdrängen. Zum Wegsehen. Das Böse schönzureden und bei Ungerechtigkeit wegzugucken, weil es einfach bequemer ist. So war Jesus. Was man bei Jesus wirklich nicht fand, das war: Eitelkeit, Geiz, Neid, Rachsucht und Rechthaberei, Ichbezogene Geilheit. Maßlosigkeit und zu faul zu sein, um am Übel was zu ändern. So heißen die Wurzeln allen Übels. Jesus war Mensch. Aber doch anders: ohne Sünde.

Mehr noch: Bei ihm war das nicht mal eine Heldentat, bei der man was zu vermeiden versucht, was einem schwerfällt. Jesus brauchte sich nicht zu verstellen oder sich zu bessern. Der war so. Unschuldig. Wenn einer zu doof ist zum Mistmachen, ist das auch eine Form von Unschuld. Aber bei Jesus war es so, als würde er wie zu Anfang im Paradies leben, als gäbe es diese Trennung zwischen Gott und den Menschen nicht - aber das mitten in dieser Welt! Völlig ehrlich, wo um ihn rum jeder jeden bescheißt. Total friedlich mitten im Krieg. Wie ein Schaf unter Wölfen. Das ist wie eine Einladung, wenn einer sich nicht wehrt. Zum Zuschlagen. Vielleicht hat sich auch deshalb das Böse dann so an Jesus ausgetobt. Es schien, als würde das Schlechte von ihm wie ein Magnet angezogen, um sich gegen ihn zu richten. So einer bietet jede Menge Angriffsfläche, wenn er sich nicht schützt. Seine

Jesus war wie der erste Mensch.
Wie Adam ohne Sündenfall.
#schuldlosschuldig

Sündlosigkeit bedeutete eben auch äußerste Verwundbarkeit. Wer nicht unnahbar ist, tut sich weh, wenn er mit der Welt, wie sie ist, in Berührung kommt. Und dann ist Jesus mit Sünden beladen, ohne was dafür zu können. Weil er sie irgendwie „angezogen“ hat. Und zum Schluss dann dieser Tod am Kreuz: So wurden damals Verbrecher hingerichtet. Das war eine Schande! Wer so starb, war aus dem Volk Gottes automatisch ausgestoßen. Als Gottlosen haben sie ihn also hingerichtet! (Galater 3,13) Als Super-Sünder, als Exkommunizierten, der nicht mehr zum Volk Gottes gehört. (Hebräer 13,12) Ausgerechnet ihn! Was für eine bittere Ironie.

Hast du mal jemanden kennengelernt, der irgendwie „zu gut für diese Welt“ ist?

- → **Fällt dir mit ein bisschen Blättern und Nachdenken zu jedem Charakterzug von Jesus eine Jesusgeschichte oder ein Wort von ihm ein?**
- → **Welche Wesenszüge würdest du betonen, wenn du Jesus jemandem beschreiben möchtest, der wirklich noch nichts von ihm gehört hat?**

Bibelvers zum Beherzigen:

„Denn wir haben nicht einen Hohenpriester, der nicht könnte mit leiden mit unserer Schwachheit, sondern der versucht worden ist in allem wie wir, doch ohne Sünde.“

(Hebräer 4,15)

#3

WO JESUS IST, DA IST GOTT. SOGAR AM KREUZ.

Jesus, der Lazarus ins Leben gerufen hatte: selber tot. Der, der anderen geholfen hat, konnte sich selber nicht helfen, haben sie am Kreuz kopfschüttelnd gesagt. Für diejenigen, die mit Jesus zusammengelebt hatten, ergab das alles erst mal überhaupt keinen Sinn. Warum bloß? Und warum so? Sein Tod schien so sinnlos gewesen zu sein. Der machte einen Strich durch alles, was Jesus vorher gelebt und gepredigt hatte. Scheinbar. Wie ließ sich dieses Leiden und dieser Tod noch mit Gott in Zusammenhang bringen? Auf den ersten Blick sah es so aus, dass es im Falle von Jesu Tod nur zwei Möglichkeiten geben konnte. Entweder es gibt Gott nicht: Das war alles nur Einbildung, was Jesus über Gott gepredigt hat. Sein Tod am Kreuz streicht alles durch. Dann wäre der Kreuzestod der letzte Beweis, dass es den Gott, der die Liebe ist, nicht gibt. Oder die zweite Möglichkeit: Gottes letzter Versuch, durch Jesus den Menschen seine Hand zur Versöhnung entgegenzustrecken, wurde einfach ausgeschlagen. Dann war das hier am Kreuz der endgültige Bruch Gottes mit der Menschheit. Die Scheidung.

Spätestens jetzt hätte Gott doch keinen Bock mehr auf die Menschen! So oder so: Ob es Gott überhaupt nicht gibt oder er sich nach dieser Katastrophe zurückzieht und nichts mehr von sich hören lässt, wäre dann gehopst wie gesprungen. Wenn so einer wie Jesus so stirbt, dann gibt es also entweder keinen Gott – oder in Gottes Geschichte hat sich mit dieser Katastrophe Entscheidendes verändert: Gott wäre dann ohne diesen Gekreuzigten nicht mehr vorstellbar und damit auch nicht ohne die Sünde, die Jesus wie ein Magnet angezogen hatte. Und wenn Gott in Christus war, dort am Kreuz, dann hat Gott selber das alles abbekommen und war nicht bloß Zuschauer.

Das genau meint der Apostel Paulus: „Denn Gott war in Christus und versöhnte die Welt mit ihm selber und rechnete ihnen ihre Sünden nicht zu und hat unter uns aufgerichtet das Wort von der Versöhnung. … Denn er hat den, der von keiner Sünde wusste, für uns zur Sünde gemacht, auf dass wir in ihm die Gerechtigkeit würden, die vor Gott gilt." (2. Korinther 5,19ff.)

Denn damit gibt es doch noch eine dritte Entscheidungsmöglichkeit: Gott ist gerade in Jesus zu finden, den sie als Gottlosen hingerichtet hatten! Gott ist bei diesem „Gottlosen" zu finden: Das klingt zuerst mal völlig widersprüchlich. Aber das wäre die Versöhnung der unvereinbaren Gegensätze: von Gott und Welt. Von Reinheit und Sünde. Etwas, was vorher noch nie da war. Gott ist also vor dem Tod und der Sünde nicht zurückgewichen, sondern hat beides geradezu „angezogen". Dann ist Jesus am Kreuz nicht bloß stellvertretend als Sünder gestorben, obwohl er als einziger unschuldig war. Sondern noch viel mehr. Jesus wurde sozusagen selber freiwillig zu seinem Gegenteil: zur Sünde. Hat sich so mit den Sündern identifiziert, dass er die Sünde nicht bloß getragen, sondern sozusagen „angezogen" hat. Er ist in ihre Haut geschlüpft, wo normalerweise niemand aus seiner Haut kann. Und damit hat Gott selber die Sünde angenommen, um mit ihr unterzugehen. Denn wenn Jesus zur Sünde selbst gemacht wurde, ist sie am Kreuz mit ihm mitgestorben. Er hat sie mit in den Tod gerissen, die Sünde! Sie wird nicht nur ertragen. Sie wird dadurch aus der Welt geschafft. Die Sünde ist tot. Genauso hat Gott die von ihm durch die Sünde getrennte Welt wieder zu sich zurückgeholt. Also „versöhnt".

Das geht nämlich nicht einfach so, „Schwamm drüber, lass uns wieder Freunde sein". Das ging nur, weil einer die Konsequenzen getragen hat, die die Trennung von Gott am Ende bedeutet. Wenn es beim Tod von Jesus am Kreuz so was wie einen Plan Gottes gegeben hatte, dann diesen: Allein so konnte das Böse wirklich besiegt werden. Was davon jetzt noch übrig ist, ist zwar immer noch schlimm genug, aber eigentlich nur noch die leere, tote Hülle.

Das Böse ist besiegt. Damit steht nichts mehr zwischen den Menschen und Gott. Nicht mal der Tod, der normalerweise immer das letzte Wort hat. Auch er steht nur noch an vorletzter Stelle, seit Jesus auferstanden ist und den Tod hinter sich gelassen hat! Gott hat sich so sehr mit Jesus identifiziert, dass er mit seinem Leben durch den Tod hindurchgegangen ist.

Unsere Sünde hat Gott das Leben gekostet.
Das war es ihm wert.
#todohnezähne

Sein Leben hat den Tod so doll umarmt, dass dem die Luft ausgegangen ist. (1. Korinther 15,54f.) Jetzt steht am Ende das Leben. Dass Jesus auferstanden ist, bedeutet: neues Leben aus dem Tod. Aus der Vernichtung. Aus dem Nichts. Wie am ersten Schöpfungstag. Da ist einer nicht bloß wiederbelebt worden, sondern hat den Tod für immer hinter sich gelassen. Ist nicht an ihm vorbei ins Leben zurückgekehrt, sondern durch ihn hindurchgegangen. Das Leben hat deshalb den Tod beendet. Klingt komisch, weil's bisher immer andersrum war.

Icebreaker:

Was findest du in der Passionsgeschichte am schrecklichsten, und was am „schönsten"?

Impulse zum Weiterdenken:

- → **Hast du mal darüber nachgedacht, wie dein Tod mit dem von Jesus zusammenhängt?**
- → **Überlegt doch mal zusammen: Wie kann Gott sterben?**
- → **Kennt ihr noch andere Metaphern, mit denen man erklären kann, was an Karfreitag und Ostern passiert ist und was das mit uns zu tun hat?**
- → **Manche Kritiker merken an: „So ein Gott ist doch grausam, der seinen eigenen Sohn so sterben lässt!" Was antwortet ihr?**

Bibelvers zum Beherzigen:

„Denn Gott war in Christus und versöhnte die Welt mit ihm selber und rechnete ihnen ihre Sünden nicht zu und hat unter uns aufgerichtet das Wort von der Versöhnung."
(2. Korinther 5,19)

#4

DU KANNST MIT JESUS TAU(S)CHEN

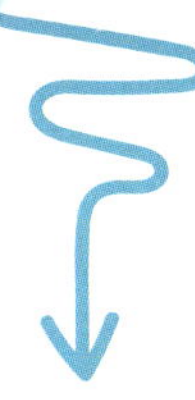

Dass Jesus seine eigene Hinrichtung überlebt haben soll, ist gut für ihn. Aber was hat das mit dir zu tun? Damit steht und fällt alles. Wenn du auf diese Frage keine plausible Antwort findest, bleibt das alles für dich eine Geschichte, die lange vorbei ist und in der du nicht mitspielst. Aber was damals passiert ist, hat heute noch Gültigkeit. Es ist wurscht, ob das 2000 Jahre her ist. Es betrifft die Ewigkeit mit Gott, und da gibt's kein Verfallsdatum. Das kannst du für dich in Anspruch nehmen: Wenn Jesus sich mit uns so identifiziert, dass er auch die Sünde mitnimmt, dann identifizier du dich doch auch mit ihm! Du kannst mit ihm tauschen: Jesus hat dir sein Leben „gegeben“, das ist damit gemeint, und du kannst es annehmen. Dein Leben, das den Tod vor sich hat, gegen seins, das ihn schon hinter sich hat.

Wenn du mit Jesus tauschen willst, dann gehört dein Leben Jesus. (Römer 14,8) Keine Bange, du darfst es trotzdem behalten und wirst nicht irgendwie ferngesteuert: Du bleibst der „Besitzer“, auch wenn Jesus die Eigentumsrechte daran hat! Aber dein Erfolg ist dann seiner. Er kriegt die Lorbeeren. Okay, du kannst deine Erfolge auch weiter genießen, aber sie werden dir nicht mehr aufs Konto gebucht. Was dir aber herzlich egal sein kann, weil dir ja dafür angerechnet wird, was Jesus erreicht hat. Und nicht nur der Erfolg, auch deine Niederlagen gehören ihm. Die trägt er. Und du kriegst seine „Belohnung“: Sein Erbe, sagt der Apostel Paulus – also alles, was ihm gehört, sogar die Ewigkeit, die gehört dann auch dir.

Jemandem sein Leben zu schenken, das ist ein Bild für eine Liebesbeziehung. Die euch so eng miteinander verbindet, dass Gott der Vater euch zwei kaum noch auseinanderhalten kann: „Ist das jetzt Jesus, oder ist das (setz deinen Namen ein)?“ Wenn er dich sieht, sieht er zugleich immer auch seinen Sohn. Natürlich bleibst du „du selber“, mit allen Ecken und Kanten, mit allen Fehlern und Grenzen, du bleibst sogar Sünder – aber Gott sieht in dir noch mehr, als du selber sehen kannst: Du bist für ihn wie sein Sohn oder seine Tochter. Im Grunde gilt für dich das Gleiche wie für Jesus Christus. So wie Jesus wahrer Mensch und zugleich wahrer Gott ist, nicht teilsteils, sondern beides ganz und gar, so bist du: von Gott vollständig angenommener Mensch – und zugleich Sünder, der die Rettung durch Jesus braucht. Das ist so, weil ihr beide getauscht habt. Deshalb kann euch nichts mehr trennen. Gar nichts.

Nullkommanichts. Deine Schuld sowieso nicht mehr. Die gehört ihm ja schon. Auch keine Krankheit, kein Schicksalsschlag, keine Macht kann euch noch auseinanderbringen. Nicht mal der Tod. (Römer 8,38f.) Denn deinen Tod ist Jesus schon gestorben. Nach dem normalerweise nichts mehr kommt. Der die Summe und Konsequenz aller deiner Taten ist, was du unterlassen hast und nicht mehr zurückdrehen oder wiedergutmachen kannst. Der Preis, den du am Ende fürs Leben bezahlst, den hat Jesus übernommen, als hätte er den Deckel schon gezahlt, den du dein ganzes Leben angespart hast, um ihn am Schluss mit deinem Leben bezahlen zu müssen. Dein Leben und dein Tod hängen nämlich zusammen: Der Römerbrief (Römer 6,23) nennt den Tod die „Endabrechnung der Sünde". Stell dir vor, du kriegst die Quittung fürs Leben, und dann guckst du auf die Rechnung, und sie ist schon bezahlt. Deshalb ist er deinen Tod „vorgestorben", bevor du überhaupt gelebt hast, damit du dann seinen sterben kannst, also den toten Tod, der nicht mehr das letzte Wort hat und für dich ungefähr das bedeutet, wie einschlafen in der Gewissheit: Gott wird mich aufwecken. Spätestens rechtzeitig.

Wie kommt so eine Verbindung, die stärker ist als der Tod, zustande? Eigentlich genauso, wie Jesus das für dich getan hat: Jemandem sein Leben schenken. Das kannst du Jesus völlig formlos sagen, wie eine Liebeserklärung: „Lass uns tauschen, Jesus. Hier hast du mein Leben, ich weiß sowieso immer noch nicht genau, was ich damit anfangen soll, vielleicht kannst du's ja gebrauchen. Ich nehm' dafür deins in Zahlung." Oder wenn du nicht mehr weiterweißt, oder wenn du am Leben klebst, dann vielleicht so: „Pass gut drauf auf, Jesus, ich hänge so dran, ich geb's dir lieber, sonst verlier' ich es irgendwann." Aber eigentlich passiert dieser Tausch in der Taufe (Römer 6,4-6): Dein Tod wird vorweggenommen, und deine Auferstehung

Deine Taufe ist das größte Geschenk,
das Gott dir machen kann:
Eine Verbindung mit ihm, die stärker ist als der Tod.
#nichtskannunstrennen

gleich auch. Untertauchen, aus dem Wasser gezogen werden, in den Tod von Jesus begraben werden und damit das feste Versprechen haben: Dein Leben ist unauflöslich mit dem ewigen Leben von Jesus verbunden. Schon jetzt. Wahnsinn. Du und Gott. Untrennbar. Für immer.

Icebreaker:

Hast du jemandem schon mal eine Liebeserklärung gemacht?

Impulse zum Weiterdenken:

- → **Lasst euch von einem Älteren erzählen, wie er sein Leben Jesus anvertraut hat.**
- → **Kennt ihr verschiedene Wege, eine Verbindung mit Gott zu knüpfen?**
- → **Was bedeutet dir die Taufe?**

Bibelvers zum Beherzigen:

„Der auch seinen eigenen Sohn nicht verschont hat, sondern hat ihn für uns alle dahingegeben – wie sollte er uns mit ihm nicht alles schenken? … Denn ich bin gewiss, dass weder Tod noch Leben, weder Engel noch Mächte noch Gewalten, weder Gegenwärtiges noch Zukünftiges, weder Hohes noch Tiefes noch irgendeine andere Kreatur uns scheiden kann von der Liebe Gottes, die in Christus Jesus ist, unserm Herrn.“

(Römer 8,32ff.)

#5

LASS GOTT BEI DIR EINZIEHEN!

Deine Verbindung zu Gott ist so fest, dass niemand und nichts mehr zwischen euch steht. (Römer 8,38) Wie findest du die Idee, dass du damit zu Gott gehörst, und zwar wortwörtlich? Irgendwie mit Gott „verwandt", zur Familie gehörend. Denn Gott will nicht nur einen Sohn, er will ganz viele Söhne und Töchter, alles kleine Brüder und Schwestern von Jesus!

Gott ist nicht bloß über dir: als Beschützer. Und neben dir: als Freund und Begleiter. Er ist in dir. Wenn du mit Jesus getauscht hast, dann hast du sein „neues Leben". Ohne Verfallsdatum. Das ist noch mehr, als man in jedem Videospiel kriegen kann. Dieses „neue Leben" hast du dir nicht verdient, das ist keine Belohnung, sondern Gottes Geschenk, für das er bezahlt hat.

Dieses „ewige Leben" wartet auch nicht erst am St. Nimmerleinstag auf dich. Das beginnt schon jetzt. Gleich. Wenn dein Leben mit Jesus untrennbar verbunden ist, dann breitet sich dieses Leben bei dir aus. Durch den Heiligen Geist (Römer 8,10f.), der nichts anderes ist als Jesus, der in dir lebt: sein Geist, was er will und tut, seine Eigenschaften und Charakterzüge.

Lass also den Geist Gottes bei dir einziehen! Lass es zu, dass der Heilige Geist Einfluss auf dich hat. Wenn du das erst mal gruselig findest, nicht mehr „allein zu Haus" zu sein, kann ich dich beruhigen: Der Heilige Geist ist ein Gentleman. Er überfällt keinen, sondern wartet, bis du es zulässt. Und selber willst. Das könnte auf der anderen Seite auch deine zweite Unsicherheit sein: Warum hast du bis jetzt so wenig davon gemerkt, dass du den Heiligen Geist vielleicht schon lange in dir trägst? Vielleicht liegt das daran, dass Jesus noch irgendwo in deinem Oberstübchen wohnt. Oder in deiner Sonntags-Laube. Oder in einem stillen Kämmerchen als Untermieter. Vielleicht kommt er dir sogar immer noch als Fremdkörper vor. Ich glaube, viele machen auch deshalb so wenige Erfahrungen mit dem Heiligen Geist, weil es bei ihnen innen drin so viele Türen gibt, die zu sind. Der Heilige Geist, dein Hausgenosse, macht sich vielleicht auch deshalb kaum bemerkbar, weil im übrigen Teil des Hauses noch unausgesprochen die alte Hausordnung gilt: „Der Herr im Haus bin ich!" Dabei bist du eine WG, seit der Heilige Geist bei dir eingezogen ist! Ich vermute, heimlich haben viele Angst, Gott würde sich bei ihnen zu breit machen, wenn sie ihn mal reingelassen haben:

„So, der Chef bin jetzt ich, mach Platz, dein Sessel kommt raus, der Fernseher auch, es wird ab jetzt gesund gegessen, lass mal sehen, was du im Kühlschrank hast, Chips gehen schon mal gar nicht mehr, und ab 22 Uhr ist Bettruhe!“ Dabei geht's gar nicht darum, plötzlich einen Kontrolleur bei dir wohnen zu haben. Sondern jemanden, der die Atmosphäre bei dir mitprägt: dessen Freude sich bei dir ausbreitet. Und dessen Friede. Und dessen Freiheit. (Davon ist im zweiten Teil dieses Buches die Rede.)

Aber es stimmt schon: Wenn Gott bei dir wohnt, gibst du die Kontrolle ab. Und das ist eine Entscheidung, die einem nicht leichtfällt: Weil alle sonst sagen, man müsste unbedingt selber über das eigene Leben bestimmen! Allerdings ist dieser Wunsch nach Kontrolle im Leben eine ziemliche Illusion. Ein bisschen so, wie bei Kindern im Karussell: Die sitzen zu viert im Feuerwehrauto, jeder hat ein Steuerrad und eine Hupe, und alle kurbeln wie wild und bilden sich ein, sie würden das Raumschiff vor ihnen gleich überholen. Die Gewissheit, dass du in deinem Leben das Steuer in der Hand hast, ist genauso. Die meisten glauben, sie würden wirklich bestimmen, wo es langgeht: am liebsten auf der Überholspur!

Aber mal ehrlich: Was kannst du schon steuern? Deinen Erfolg? Jeder, der es wirklich zu was gebracht hat, sagt dir, wenn er ehrlich zu dir und zu sich ist, wie viel davon Geschenk oder schlichtes Glück ist.
Deine Gesundheit? Klar: Jeder Gesundheitsapostel behauptet das. Und dann kriegst du Krebs oder sonst was. Geschenkt: Man kann das Ausgeliefertsein auch als Standardausrede fürs Kettenrauchen gebrauchen. Aber frag doch mal einen wirklich alten Menschen, also über 80, wie viel er dazu beigetragen hat, so alt zu werden.
Du meinst, du kannst deine Beziehungen steuern? Dreimal kurz gelacht. Red mal mit Ehepaaren, die Goldhochzeit hatten. Und deinen Tod kannst du auch nicht steuern, auch wenn die Wissenschaft nichts unversucht lässt, das Leben zu verlängern.

Wenn Gott bei dir einzieht,
hast du mehr Platz im Leben, nicht weniger.
#sicherankommen

Klar, du kannst ein bisschen auf der Bremse stehen, wohlerzogen blinken, wenn dein Leben die Richtung ändert und du merkst, dass das Steuerrad in deiner Hand in keiner Beziehung zur Fahrtrichtung deines Lebens steht, sondern hauptsächlich deiner Unterhaltung dient. Wie die Hupe. Eben wie beim Kinderkarussell. Dass du in deinem Leben und mit deinem Glauben erwachsen wirst, hat damit zu tun, dass dein Leben kein Kinderkarussell mehr ist. Und du merkst, dass das Entscheidende in deinem Leben nicht von dir gesteuert werden kann! Damit ist keine faule Schicksalsergebenheit gemeint, als wären wir alle Marionetten. Aber würdest du wirklich Entscheidendes verlieren, wenn du Gott das Steuer deines Lebens in die Hand gibst? Was ich meine, ist ja kein Kadavergehorsam („Führer befiehl, wir folgen dir"), sondern eine Entscheidung wie in einer Liebesbeziehung: „Wo du hingehst, da gehe ich mit." Das verspricht Gott dir. Und wenn du mit Jesus getauscht hast, dann kannst du das andersrum genauso sagen: „Mit allem kann ich leben, wenn ich mit dir leben kann!" Dann hast du vielleicht keine ruhige Fahrt, kein Kinderkarussell, sondern Achterbahn. Aber du hast das Versprechen, am Ziel anzukommen und nicht bloß im Kreis rumgefahren zu sein.

Icebreaker:

Welche Regeln gibt's bei euch zu Hause? Kennst du Leute, die in einer WG wohnen? Wie regeln die das Zusammenleben?

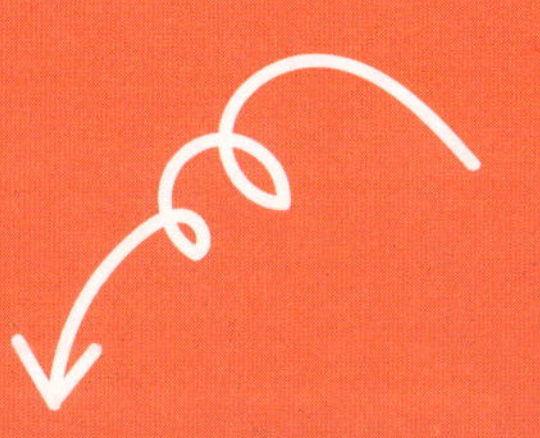

Impulse zum Weiterdenken:

- → **Wie findest du die Idee, wirklich mit Gott verwandt zu sein?**
- → **In welchem Lebensbereich würdest du dem Heiligen Geist gerne die Kontrolle überlassen?**
- → **Wo hast du schon mal erlebt, dass das Leben kein Kinderkarussell ist?**

Bibelvers zum Beherzigen:

Denn welche der Geist Gottes treibt, die sind Gottes Kinder. Denn ihr habt nicht einen Geist der Knechtschaft empfangen, dass ihr euch abermals fürchten müsstet; sondern ihr habt einen Geist der Kindschaft empfangen, durch den wir rufen: Abba, lieber Vater!" (Römer 8,14f.)

#6

GOTT AN ERSTER STELLE

DIRECTOR

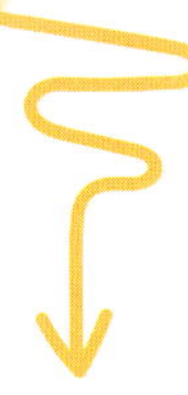

Wenn Gott bei dir einzieht, hast du nicht weniger, sondern mehr Platz. Das engt dich nicht ein. Im Gegenteil: Das befreit. Du hast keine Angst mehr, zu kurz zu kommen. Du musst nicht mehr krampfhaft zuerst an dich denken. Du kannst Gott an die erste Stelle in deinem Leben lassen und wirst trotzdem nicht zurückgesetzt! Wie das geht, möchte ich dir zeigen.

Es kann aber eine echte Killerfrage sein: „An welcher Stelle rangiert dein Glaube im normalen Leben?“ Kommt er noch nach Hausaufgaben machen, Zimmer aufräumen und Müll rausbringen? Natürlich nicht. Gott soll bei dir ja nicht bloß als Opa für die feierlichen Worte beim Familienfest vorkommen, und auch keine Lebensversicherung sein, die man mal abgeschlossen hat und hofft, dass man sie nie braucht und die am Ende doch ausgezahlt wird. Die Verbindung zu Gott soll nicht bloß der Nothelfer sein, wenn die Hütte brennt, sondern sie soll sich auch in den kleinen, unspektakulären Momenten in deinem Leben auswirken. Wenn man eifrige Konfis fragt, sagen die immer: „Gott ist immer bei mir.“ Was wäre, wenn das stimmt? Wenn du in jedem Augenblick was davon spüren könntest, oder das dein Grundgefühl wäre? Und alles, was du den Tag über so machst, mit Gott in Verbindung stünde: dein Schlaf und dein Aufstehen, das Essen und das Warten auf irgendwas, deine Langeweile und die Momente in deinem Leben, wo großes Kino ist, dein Erfolg und dein Griff ins Klo, deine Freude und deine Traurigkeit, dein Stress und deine Ruhe, deine Arbeit und deine Freizeit?

Aber wie gesagt: Wenn ich gefragt werde „Welche Rolle spielt Gott in deinem Leben?“, behalte ich dabei immer ein leises schlechtes Gewissen. Weil ich nie das Gefühl habe, ich hätte genug Platz für Gott in meinem Leben gemacht. Ich müsste noch viel intensiver glauben, ich müsste noch viel mehr tun. Wie viel ist denn genug? Mir geht's dann so wie dem reichen jungen Mann, der Jesus begegnet ist und total begeistert fragte: „Jesus, ich halte alle Gebote, gehe in den Gottesdienst und so. Was muss ich noch tun, um in den Himmel zu kommen?“ Jesus hat ihn mitleidig angeguckt und noch einen draufgesetzt: „Wenn du so fragst, dann verschenk deinen Besitz an die Armen, leih dir 'nen Schlafsack und komm mit.“ (vergleiche Matthäus 19,16ff.) Soll ich also alles aufgeben für Gott? Ist Gott erst zufrieden, wenn ich jeden Augenblick an ihn denke? Wenn ich mich selber aufgebe? Merkst du das? So wird keiner glücklich, so bleibt dein Glaube mit einem riesigen schlechten Gewissen belastet. Und schmeckt so toll wie Pappe. Kein Wunder, dass man dazu so viel Lust hat wie aufs Zimmeraufräumen. Das habe ich gedacht, bis ich mal folgenden Spruch gehört habe, der auf einem Aufkleber von Arno Backhaus stand: „Gott spielt in meinem Leben keine Rolle. Er ist der Regisseur."

Da hat es bei mir Klick gemacht. Um diese Umkehrung der Perspektive geht es. Das ist eine Auswirkung des Heiligen Geistes! Du musst die Blickrichtung ändern, wenn du von Gott in deinem ganz normalen Leben was merken willst! Dann macht einen auch die Frage nicht mehr unsicher: „Was mache ich falsch, wenn ich so wenig davon spüre, dass der Heilige Geist in mir bei der Arbeit ist?" Du musst anders fragen.

→ Frag nicht: Wie toll und vorbildlich muss mein Leben sein, damit Gott darin Platz hat, sondern: Wo komme ich im Leben Gottes vor? Hat Gott einen Platz für mich? Das ist die wichtigste Frage deines Lebens!

→ Frag nicht: Wie viel muss ich eigentlich für Gott tun, damit der zufrieden ist, sondern: Wie viel hat Gott eigentlich schon für mich getan?

→ Frag nicht: Glaube ich denn intensiv genug an Gott, sondern: Warum glaubt Gott eigentlich an mich?

Merkst du, wie diese andere Perspektive dein Leben verändern könnte? Wie befreiend das sein könnte? Wenn du realisieren würdest, dass du auf einmal in einem anderen, viel größeren Film mitspielst? Dass das stimmt, dass du mehr Platz hast, wenn du bei Gott mitmachst, als wenn er bei dir einen Job zugewiesen bekommt? Wenn Gott der Regisseur ist, dann ist dein Alltag großes Kino und bekommt auf einmal die größtmögliche Aufmerksamkeit. Wenn das passiert, dann bist du vom Zuschauer zum Mitspieler geworden. Vom Kunden von Gottes Barmherzigkeit zum Teilhaber seiner Firma geworden. Vom Adressaten von Gottes Handeln zu seinem Instrument, durch das er wirkt. Dann ist der Heilige Geist bei dir am Werk. Und du bist Gottes Baustelle und zugleich schon sein Mitarbeiter.

Gott spielt in deinem Leben keine Rolle. Er ist der Regisseur.
#mitspielenstattzugucken

Icebreaker:

Hat dich schon mal jemand gefragt: „An welcher Stelle in deinem Leben komme ich eigentlich?“

Impulse zum Weiterdenken:

→ Welche Rolle hast du Gott in deinem Leben schon zugewiesen?

→ Kannst du eine Story davon erzählen, wo dich der Anspruch unsicher gemacht hat, ob du genug für Gott tust?

→ Nimm dir eine der „umgekehrten Fragen“ (z.B. Wo komme ich im Leben Gottes vor?) und versuche, sie für jemand anderen in deiner Gruppe zu beantworten und ihm das zu sagen!

Bibelvers zum Beherzigen:

„Wir wissen aber, dass denen, die Gott lieben, alle Dinge zum Besten dienen, denen, die nach seinem Ratschluss berufen sind.“ (Römer 8,28)

Das heißt doch: Wenn Gott dich für seinen Film gecastet (also berufen) hat, dann spielst du auch bis zum Happy End mit. Egal wie schlimm es zwischendurch mal wird.

#7

DU BIST GOTTES BAUSTELLE

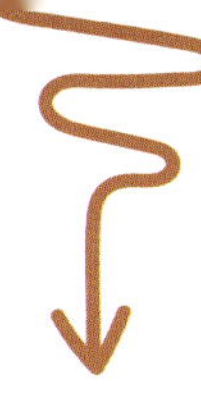

Dein Leben ist eine Baustelle: Gerade Praktikum gemacht, dauert's nicht mehr lange, dann geht's in der Schule rund und du schreibst Abschlussarbeiten, und eh du dich umguckst, musst du dich bewerben, machst den Führerschein, weißt überhaupt noch nicht oder schon ganz genau, was aus dir mal werden soll und wer du in Wirklichkeit schon bist. Dein Leben ist eine Baustelle, auf der nicht nur du arbeitest. Jeder schraubt an dir rum, reißt was ab, was andere da hingestellt haben, da soll noch was hin, dort hinten muss umgebaut werden, und du hättest gerne die schönere Fassade und auch mehr Innenausstattung. Aus dir soll ja mal was Ordentliches werden. Heißt es immer. Eigentlich sagen alle zu dir: „Du musst was aus dir machen."

Das liegt ganz im Trend: aus dem eigenen Leben ein Mega-Projekt machen. Das kann sich ganz verschieden anhören: „Du musst dich entfalten" oder das Gegenteil: „Du musst deine Pflicht tun!" - „Du musst deinem Leben irgendeinen Sinn geben!" oder: „Du musst möglichst viel erleben und darfst nichts anbrennen lassen!" Egal wie sich das anhört, wenn du aus deinem Leben was machen sollst: Am Ende stehst du da und du bist nicht fertiggeworden. (Das Gefühl kennst du vielleicht aus der letzten Mathearbeit.) Mit dem Leben wird man nämlich nie fertig! Ich habe früher auch immer gedacht, ja, wenn ich mal erwachsen werde, dann bin ich fertig. Aber es ging irgendwie immer weiter, ich bin nie richtig fertiggeworden, nur habe ich irgendwann gemerkt: Den Satz „Wenn ich mal erwachsen bin, dann ...", den kann ich wirklich nicht mehr auf mich anwenden. Aber trotzdem bleibe ich eine unaufgeräumte Baustelle. Man kann sein Leben gar nicht fertig leben.

Und das ist überhaupt nicht schlimm! Es ist gar nicht entscheidend, was du alles fertigbringst im Leben. Das Entscheidende ist, dass dein Leben nicht bloß dein eigenes Projekt ist, sondern die Baustelle Gottes! „Wisst ihr nicht, dass ihr Gottes Tempel seid ...?" (1. Korinther 3,16; vgl. 6,19), fragt der Apostel Paulus die Christen in Korinth. Im Grunde gilt das für alle Christen, bei denen der Heilige Geist an der Arbeit ist. Auch für dich: Du bist so eine Art „Heiligtum", wenn der Heilige Geist bei dir eingezogen ist. Und zwar so wie du bist! Nicht erst, wenn du mal fertig bist, alles schön aufgeräumt und frisch gestrichen. Baustelle und Heiligtum zugleich zu sein, ist bei Gott überhaupt kein Gegensatz. Der Kölner Dom zum Beispiel ist seit 800 Jahren eine Baustelle! Und wird immer eine bleiben. Als Tempel Gottes musst du gar nicht fertigwerden.

Viel wichtiger ist, dass Gott bei dir an der Arbeit bleibt. Gott liebt nämlich die Baustellen! Er ist vor allem da zu finden, wo Menschen noch nicht fertig sind. Und Perfektion ist übrigens gar nicht sein Ziel: Als würde, was Gott schafft, perfekt funktionieren wie eine Modelleisenbahn.

Wenn die mal aufgebaut ist, wird's meistens auch langweilig, weil man nur noch zugucken kann. Gott arbeitet am liebsten mit dem, was gerade da ist. Mit fehlerhaften Werkzeugen und begrenzt ausgebildeten Aushilfskräften und verändert so die Welt und baut gerade auf diese Weise seinen Tempel, der viel schöner ist als die Paläste, wo die Wasserhähne aus Gold sind und man sich die Füße abtreten muss, bevor man rein darf. Er baut mit Steinen, die alle ein bisschen schief und krumm sind und trotzdem irgendwie passen, wenn man sie richtig zusammensetzt. Solche Steine wie du einer bist, und ich. Gottes Handeln widerspricht nämlich dem Perfektionierungswahn, dem du sonst ausgesetzt bist: Mit Smartwatch am Arm, die dich daran erinnert, dass du noch nicht fit genug bist, später mit dem Prospekt vom Schönheitschirurgen, der dir vorgaukelt, er würde dich nur verbessern, nicht verändern, damit du mit dir zufrieden bist, und deine ungeborenen Kinder werden auch vorher schon mal darauf geprüft, ob sie perfekt genug sind, und später wird ihnen eingeredet, sie wären so was von perfekt, alles kleine Hochbegabte, und keiner will mehr mittelmäßig sein.

Letztlich kann auch Religion als Mittel missbraucht werden, um sich „zu bessern". Aber so ist das bei Gott gerade nicht gemeint: Wenn der Heilige Geist an dir arbeitet, dann nicht, um dich zu optimieren. Gott will aus dir keinen Superhelden machen.

Nicht du sollst was aus deinem Leben machen. Lass einfach Gott an dir arbeiten.

#tempelausfleischundblut

Auch keinen braven Sohn oder eine artige Tochter. Oder einen funktionierenden Angestellten, der alles macht, was man ihm sagt. Wenn der Heilige Geist an dir arbeitet, dann ist das so wie in einer engen Beziehung, wo es auf einen „abfärbt", mit wem man zusammen lebt. So werden bei dir langsam die Eigenschaften stärker, die bei Jesus auch zu finden sind: Du wirst freier. Gelassener. Ehrlicher zu dir selber und zu anderen. Innerlich stärker, aber nicht härter gepanzert. Großzügiger und weniger neidisch. Echter. (Lies zu dieser inneren Wirkung des Heiligen Geistes mal zum Beispiel Galater 5,22-23.) Das bedeutet es, durch die Bauarbeiten des Heiligen Geistes zu einem „Tempel" zu werden. Also zu jemandem, dem die Liebe Gottes aus allen Knopflöchern guckt.

Icebreaker:

Wenn du dich verändern könntest: Wo würdest du dich gerne weiterentwickeln?

Impulse zum Weiterdenken:

- → **Versuch doch mal, die Erwartungen zu formulieren, die andere an dich haben: deine Eltern, deine Lehrer, dein Arbeitgeber, deine Freunde, ...**
- → **Was denkst du möchte Gott aus dir machen?**
- → **Wo möchtest du ein Stückchen wie Jesus werden?**

Bibelvers zum Beherzigen:

Wisst ihr nicht, dass ihr Gottes Tempel seid und der Geist Gottes in euch wohnt?"

(1. Korinther 3,16)

#8

GOTT KANN DICH GEBRAUCHEN

Eine der Wirkungen des Heiligen Geistes bei dir ist diese merkwürdige Umkehrung, wo du nicht mehr im Mittelpunkt stehst und dich gerade deshalb entfalten kannst. Weil du in Gottes Film mitspielst. Und nicht du eine Rolle für Gott in deinem Lebensfilm finden musst. Gott möchte, dass du kein Statist bist. Du sollst einfach dich selber spielen! Er hat dich gecastet, weil er sonst seinen Film nicht zu Ende drehen kann! Er hat dich gerettet, ohne deine Hilfe. Er hat dich in seine Besetzung gewählt, ohne dass du dafür irgendwas Besonderes können musst außer du selber zu sein. (Matthäus 20,1-16) Das hat er alles ohne dich getan. Aber den Film zu drehen, das will er nicht ohne dich. Er möchte, dass du mitspielst bei ihm! Vielleicht kennst du die Szene in Jim Carreys „Bruce Allmächtig", wo Bruce den allmächtigen Gott trifft, der gerade im blauen Overall den Boden wischt und fragt: „Sag mal, kannste mir helfen?" Und hinterher sieht man, dass der strahlend weiße Anzug unter der Arbeitskleidung steckt. Was du an Talent dafür brauchst, hast du schon: Das ist der Heilige Geist. Manche kriegen dadurch besondere Begabungen, aber die sind dafür da, deinen Part im Film spielen zu können und den anderen damit zu ihrem Auftritt zu verhelfen. (1. Korinther 12,4-11)

Der Heilige Geist macht aus dir also einen Mitspieler in Gottes Film. Ich meine einen Mitarbeiter in Gottes Mission. Er möchte mit dir zusammenarbeiten. Du bist kein Zuschauer mehr, der beeindruckt werden soll, sondern Mitspieler. Du hast diese Veränderung vielleicht schon mal erlebt: Wenn einer plötzlich nicht mehr bloß mehr oder weniger faul bei einer Aufgabe mitmacht, sondern ein Projekt zu seinem eigenen wird und man nicht mehr entweder dick belohnt oder angemotzt werden muss, damit man mitmacht. Also „Zuckerbrot und Peitsche" braucht. Plötzlich möchte man selber, dass das gelingt. Man muss nicht mehr von außen motiviert werden. Es gibt zwei Antworten, wenn man welche fragt, was sie da gerade tun, auf dem Filmgelände. Die einen sagen: „Ich soll hier halt rumstehen und irgendwas sagen, weiß ich auch nicht, was fragst du so blöd?" Und haben schon am Anfang keinen Bock mehr. Und die anderen antworten ein bisschen stolz und mit Glänzen in den Augen: „Ich spiele mit im Film und will, dass er gut wird." Dabei tun beide womöglich das Gleiche. Plötzlich ist es dir nicht mehr egal, wie der Film Gottes ausgeht. So ist das auch, wenn auf einmal Gottes Projekt, nämlich Menschen zu lieben und die kaputte Welt zu heilen, zu deinem eigenen wird. Wenn du anfängst, dich wie er nach Gottes Reich zu sehnen und dich dafür anzustrengen. (Matthäus 6,33)

Vorher dachtest du vielleicht auch immer noch, du müsstest eine Aufgabe für Gott in deinem Leben finden: Was Gott für dich machen könnte, worum du ihn bitten kannst und so weiter. Bei dem Perspektivwechsel von eben, wo Gott in deinem Leben keine Rolle mehr spielt, sondern der Regisseur ist, ist nicht mehr die Frage, ob du Gott gebrauchen kannst: zum Beispiel als Bodyguard, Rettungsarzt, Ratgeber, Chauffeur oder Wegweiser. Sondern jetzt hörst du auf einmal: Gott braucht dich! Er hat einen Job für dich! Nicht irgendeinen. Das ist keine gönnerhafte Geste, obwohl er dich gar nicht braucht. Außer vielleicht als abschreckendes Beispiel. Er meint wirklich genau dich – und niemand anderen. Selbst für so einen Chaoten wie dich, der vielleicht bloß mittelmäßig in der Schule ist, hat er genau die richtige Position. Oft ist es so, dass gerade bei den scheinbar Untauglichsten, wenn sie auf seiner Baustelle anpacken, die schönsten Sachen dabei rauskommen. Bei den Jüngern von Jesus war es so. Wenn du dir von Gott die Aufgabe im Leben zeigen lässt, dann wirst das merken: Genau hier bin ich richtig! Ich bin auf dem richtigen Platz.

Gott glaubt an dich.
Er will mit dir zusammen wirken.
#jobangebot

Ich sage dir: Es gibt kein besseres Gefühl. Nichts, was einen mehr ausfüllt. Mehr befriedigt, als gebraucht zu werden. Und sich gebrauchen zu lassen. Von Gott. Der ganze Stress mit der Suche nach dem Sinn im Leben – „Wo gehöre ich hin?“, „Interessiert sich eigentlich irgendein Schwein dafür, was ich mache?“– der löst sich dann in Wohlgefallen auf.

Icebreaker:

In welchem Film würdest du gerne mal mitspielen? In einem Actionfilm, einem romantischen Film oder im Horrorstreifen?

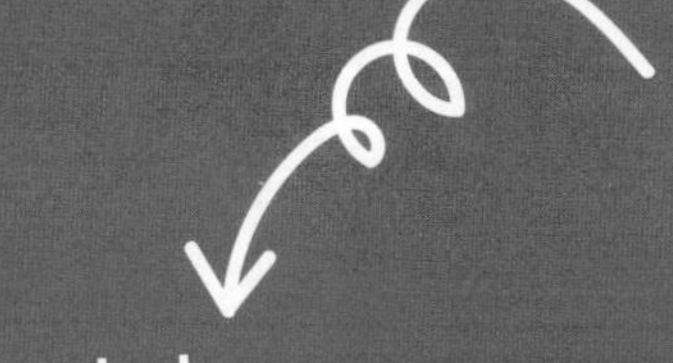

Impulse zum Weiterdenken:

- → Erzählt euch doch gegenseitig mal, welche Begabungen ihr beim anderen seht!
- → Was meinst du: Hat Gott nur einen einzigen Platz für dich im Leben vorgesehen?
- → Was an Gottes Mission liegt dir am Herzen?

Bibelvers zum Beherzigen:

„Es sind verschiedene Gaben; aber es ist ein Geist. Und es sind verschiedene Ämter; aber es ist ein Herr. Und es sind verschiedene Kräfte; aber es ist ein Gott, der da wirkt alles in allen. Durch einen jeden offenbart sich der Geist zum Nutzen aller.“

(1. Korinther 12,4ff.)

#9
GOTT
WIRKT
DURCH
DICH

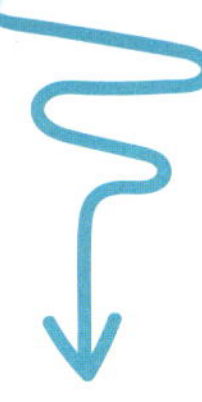

Der Heilige Geist wirkt in dir gerade dann, wenn du tust, was du am besten kannst: du selbst sein. Nicht derjenige, der du gerne sein möchtest, um Jesus zu beeindrucken. Du kannst versuchen, in seinem Sinne zu handeln. Aber tu es auf deine Weise! Dann wirkst du mit Gott zusammen. Und das ist noch mehr, als seine Arbeitskraft und seine Talente und Zeit Gott zur Verfügung zu stellen. Es bedeutet, dass Gott durch dich wirkt. Weil er in dir arbeitet und eben auch aus dir heraus wirkt:

Wenn du jemandem vergibst und das in seinem Namen tust,
dann handelt Gott.

Wenn du wie der barmherzige Samariter da bist, wo du gebraucht wirst,
dann ist Gott da.

Wenn du einen tröstest mit Worten oder mit einem Pflaster,
dann ist das ein Teil des Trostes, den Gott für alle hat.

Wenn du dabei hilfst, dass Menschen heil werden,
dann ist das Gottes Heilung.

Wenn du einem weiterhelfen kannst mit einem echt guten Rat,
dann ist das die Weisung Gottes!

Wenn du Menschen liebst, wie sie sind und nicht bloß dafür,
dass sie dir nützen,
dann ist das Gottes Liebe.

Wenn du Menschen von Gott so erzählst, als würdest du mit ihnen die Wasserflasche in der Wüste teilen, die dich am Leben hält, dann sind deine Worte Gottes Worte.

So wirst du für andere zum „Christus", hat Martin Luther das genannt. Du bist Teil von Gottes Wirklichkeit: Dann bist du sein Mund. Dann bist du seine Hand. So handelt Gott. Im Heiligen Geist. Durch dich. Wenn du dich Gott zur Verfügung stellst, dann nimmt er das, was du anbietest, und nicht bloß als Notbehelf oder als Sprungbrett, um sich von dir wieder abzuheben. Das bist immer noch du und niemand anderes. Aber zugleich ist Gott da: So wie Jesus wahrer Mensch und zugleich wahrer Gott ist, so bist du auch Gottes Werkzeug und ein stinknormaler Zeitgenosse. Das ist dieselbe Logik: Es gibt nämlich gar kein Entweder-Oder zwischen dem, was du tust, und dem, was Gott macht. Das Wirken des Heiligen Geistes fängt nicht erst jenseits von unserem Handeln an. Es ist nicht überweltlich! Das lässt durchaus auch Wunder zu – aber so werden Wunder nicht zu einem magischen Schauspiel. Und wenn der Heilige Geist in dir wirkt, dann ist das nicht übermenschlich. So wie Jesus kein Übermensch war. Dann bist du zugleich Gottes Werkzeug und bleibst trotzdem Sünder.

Ich meine damit auch nicht, dass Gott ohne uns nicht handeln könnte, nach dem Motto: „Christus hat keine Hände, nur unsere Hände." Auf diese Weise bleibt von Gottes Wirken nur die gute Absicht von braven Richtigmachern übrig. Dass der Heilige Geist da ist, bedeutet ja gerade, dass Gott tatsächlich hier bei uns auf der Erde handelt und wirkt. Gott hätte tausend andere Wege und Möglichkeiten, seinen Willen auf Erden durchzusetzen. Aber er will nicht ohne uns. „Gott will Menschen durch Menschen retten."[1] Durch dich und mich. Deshalb muss man jetzt seinen eigenen Beitrag nicht überschätzen, um selber strahlend dazustehen, sondern selbstvergessen an Gottes Mission mitzuarbeiten und nicht selbstverliebt auf den eigenen Ruhm zu schielen. Dann bist du nicht mehr scharf auf den Applaus, sondern freust dich daran mit, dass es durch dich einen Grund gibt, Gott zu loben!

Gott will Menschen durch Menschen retten.
Durch dich und mich.
#barmherzigersamariter

[1] Diesen Satz habe ich von Klaus Teschner aus Neuss. Er begleitet mich schon lange.

Icebreaker:

Hast du schon mal den „Retter in der Not" gespielt?

Impulse zum Weiterdenken:

→ Erzähl mal: Hast du schon mal erlebt, dass dir jemand was gesagt hat, das wie ein Wort Gottes bei dir ankam? Oder dass dir einer so geholfen hat, als wäre er ein Engel?

→ Diskutiert die Frage: Was ist, wenn man als „Gottes Werkzeug" trotzdem Mist macht? Und was ist, wenn sich in dein Handeln auch selbstsüchtige Motive mischen?

Bibelvers zum Beherzigen:

Jesus sagt zu seinen Jüngern, die er aussendet: „Wer euch hört, der hört mich; und wer euch verachtet, der verachtet mich; wer aber mich verachtet, der verachtet den, der mich gesandt hat."
(Lukas 10,16)

#10

ZUSAMMENGESETZT DURCH DEN HEILIGEN GEIST

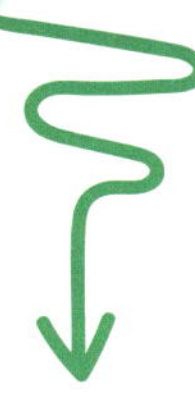

Als Mitarbeiter bei Gottes Mission bist du nie alleine. Der Heilige Geist hat eine Firma gegründet: Sie heißt „Kirche“ und ist die Art und Weise, wie Jesus in der Gegenwart wirkt. Sie ist „Jesus Christus, als Gemeinde existierend“, hat der evangelische Theologe Dietrich Bonhoeffer mal formuliert. Ich finde diesen Gedanken wirklich krass. Das heißt auch nicht, dass Gott nicht auch außerhalb von so was wie christlicher Gemeinschaft wirken könnte. Aber wenn du ihn suchst, lässt er sich dort auf jeden Fall finden! An den anderen Stellen ist er inkognito unterwegs. Wenn das also wirklich stimmt, dass Gott uns als sein Mund, als seine Füße und seine Hand gebrauchen will, dann sind wir zusammen der „Leib Christi“. So hat der Apostel Paulus die Gemeinschaft der Christen genannt. (1. Korinther 12) Und das ist mehr als ein Bild: Es ist die Wirklichkeit im wörtlichen Sinne. Wie Jesus heute wirken will. Als Mund oder Hand von Gott sind wir zusammen also noch mehr als „Werkzeuge“, durch die Gott wirkt. Wir sind Körperteile – von Jesus! Wir werden vom Heiligen Geist zu einem Körper zusammengesetzt! Das klingt frankensteinmäßig, ist aber nicht gruselig, weil es wirklich so was wie eine neue Schöpfung Gottes ist.

Deshalb heißen in einer christlichen Gemeinde die dazugehörenden Menschen „Glieder“ und nicht „Mitglieder“, weil die Kirche kein Verein ist. Aus einem Verein scheidest du irgendwann aus, spätestens wenn du tot bist. Aber die Gemeinschaft mit Christus endet nicht! Deshalb gehörst du für immer dazu! Und noch was unterscheidet eine christliche Gemeinde von einem Verein: Der kommt zustande, indem Menschen sich zusammenschließen, die die gleichen Interessen oder Hobbies haben, was erreichen wollen oder einen Anlass zum Treffen brauchen oder einfach Pöstchen verteilen wollen. Aber nicht das menschliche Gemeinschaftsbedürfnis ruft so was wie „Kirche“ zusammen, sondern der Heilige Geist. Er schließt so Menschen in Gottes Aufgabe ein, die sonst nie zusammenpassen würden: Du findest dich plötzlich neben einem wieder, den du dir nie ausgesucht hättest! (Im Grunde wirklich so wie in einer Familie: Die sucht man sich auch nicht aus. Das ist ein anderes, zentrales Bild für die Gemeinde.) Und dann gehören total unterschiedliche Menschen auf einmal zusammen. Eine Hochbegabte und einer mit schlichtem Gemüt, ein Jungspund mit Flausen im Kopf und ein alter Knacker, eine stinkreiche Lady und ein armer Schlucker, der auf Unterstützung angewiesen ist, überhaupt: Zwischen Männern und Frauen macht der Heilige Geist überhaupt keinen Unterschied! Bayern und Dortmunder gehören bei Jesus zusammen und noch viel gegensätzlichere Kulturen! Die Globalisierung hat der Heilige Geist erfunden! (Lies mal die Apostelgeschichte, Kapitel 2.)

Das bedeutet auf jeden Fall schon mal, dass man die anderen braucht: Als „Mund“ oder „Arm“ ist man solo, ohne den Körper drum herum, ziemlich aufgeschmissen. Und auch wenn im „Leib Christi“ keiner wirklich der Blinddarm oder der Arsch sein will, wird im Grunde jeder gebraucht. Sonst fehlt dem Körper ein Teil. Der Heilige Geist schließt einen immer mit anderen zusammen und wirkt eher selten in Solovorstellungen.

Zusammen sind wir Gottes neueste Kreation: Christus, der als Gemeinschaft existiert.

#zusammenwachsen

Icebreaker:

Erzähl mal von deiner „buckligen Verwandtschaft": Wie ist deine Großfamilie (Großeltern, Onkel, Tanten, Cousinen, Cousins)? Wer ist nett und wer ziemlich komisch?

Impulse zum Weiterdenken:

→ Spinnt das Bild vom Leib Christi doch noch weiter: Was bedeutet das für die Frage, wer in einer Gemeinschaft das Sagen hat? Was wäre, wenn ein Körperteil völlig fehlt?

→ Wenn einen der Heilige Geist in eine Gemeinschaft einfügt, so wie man in eine Familie „reingeboren" wird: Was macht man, wenn die konkrete Gemeinde, zu der man gehört, einfach total öde ist?

→ Wie verhält sich „Gottes Bodenpersonal" zu der Gemeinschaft, zu der der Heilige Geist Menschen zusammenbringt? Gibt's einen Unterschied zwischen dem, was der Heilige Geist in der Kirche wirkt und was Menschen konkret in der Kirche tun?

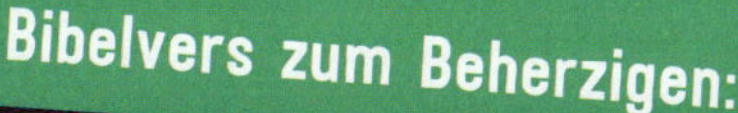

Bibelvers zum Beherzigen:

„Denn wie der Leib einer ist und hat doch viele Glieder, alle Glieder des Leibes aber, obwohl sie viele sind, doch ein Leib sind: so auch Christus. Denn wir sind durch einen Geist alle zu einem Leib getauft, wir seien Juden oder Griechen, Sklaven oder Freie, und sind alle mit einem Geist getränkt."

(1. Korinther 12,12f.)

#11

GLAUBE GEHT NUR GEMEINSAM

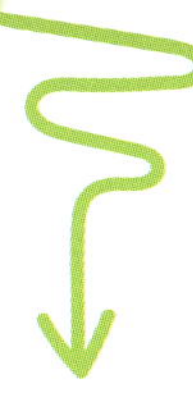

Deine Verbindung zu Jesus schließt dich in eine Gemeinschaft ein. Und dein Glaube ist ein Gemeinschaftsding: Vertrauen auf Gott ist zwar persönlich, und niemand kann dich dabei bei Gott vertreten (außer Jesus, aber das reicht noch tiefer und hat mit diesem Tausch aus Kapitel 4 zu tun). Glaube gehört aber nicht einfach in die Privatsphäre, wo man ganz alleine mit sich ist und Zuschauer oder Zuhörer peinlich findet. Es ist nämlich eine Illusion, damit alleine bleiben zu wollen oder zu können. Man kann seinen Glauben nicht ohne Gemeinschaft leben, weil der sonst aus Mangel an Austausch eingeht wie eine Pflanze, die nicht gegossen wird: Du kannst deinen Glauben nicht alleine mit dir abmachen, weil du dir das „Wort Gottes" nicht selber sagen kannst. „Ich liebe dich" zu sich selber zu sagen, klingt irgendwie komisch, finde ich. Eine Überraschung kann man sich auch nicht selber machen. Einen Witz erzählen auch nicht. Und sich ermutigen, sich selber segnen: Das geht genauso wenig. Wer das alleine probiert, landet immer bloß bei sich selber, bei den eigenen Wünschen und Ängsten. Die Unsicherheit ist dann ziemlich nahe, dass Gottes Ermutigung, sein Trost und seine Wegweisung bloß die eigene Einbildung ist. So steht man mit seinen Fragen alleine da, wie bestellt und nicht abgeholt. So findet man aus dem Grübeln nie raus. So wird aus deinem Glauben eine Art Privatmeinung zu religiösen Fragen und dem Woher und Wohin des Lebens. Viele verwechseln diese „religiöse Meinung" mit einem lebendigen Glauben: Wo dir keiner was vorschreiben soll, was jeder mit sich abmachen muss und wo dir keiner reinreden soll. Klar: Für deine eigene Meinung brauchst du keinen Souffleur von außen, keine Gemeinschaft und keinen Gottesdienst. Aber ein solcher Glaube erstickt irgendwann an den eigenen Zweifeln im Selbstgespräch. Dazu brauchen wir uns gegenseitig.

Der tiefste Grund, warum unser Glaube ohne Gemeinschaft nicht „funktioniert", liegt aber bei Gott selber: Er ist für andere da. Und will nicht mit sich allein sein. Davon erzählt die ganze Bibel. Schon ganz am Anfang: Als Gott nicht mit sich selbst allein sein wollte, sondern eine Welt wollte und in ihr Menschen, die ihm Antwort geben. Und das ewige Selbstgespräch aufhören würde. Und später dann, als Gott die Menschen in ihren Selbstgesprächen nicht alleine lassen wollte, in ihrer Selbstbezogenheit, sondern die Gemeinschaft mit ihnen wieder herstellen wollte, die Verbindung, die gerissen war. Dieser Schritt auf uns zu hat Gott alles gekostet, was er hatte. Das ist die

Geschichte von Jesus und seiner Mission. Jetzt ist diese Verbindung wieder da. Wir sind eingeschlossen in den Austausch mit Gott. Das genau ist damit gemeint, dass wir den Heiligen Geist haben. Oder er uns hat. Wir sind ein Teil dieser Gemeinschaft, die Gott in sich selber schon ist. Deshalb ist Gott nur in Gemeinschaft „bei sich selber". Und wir auch. Wer das ernst nimmt und begriffen hat, hat keinen sehnlicheren Wunsch, als echte Gemeinschaft mit Gott zu haben. Und Austausch. Immer wieder. Der will mit dem zusammen sein, der alles mit uns teilt, was er hat. Das ist der Sinn davon, dass wir vom „drei-einen Gott" sprechen. Dass Gott in sich Gemeinschaft nicht einfach braucht, sondern selber immer schon ist.

Und hier liegt der Grund, warum Christen Gottesdienst feiern: wegen des Austauschs mit Gott! Um sich gegenseitig zu dienen. Ein Gottesdienst ist übrigens was anderes als eine lange Rede mit altertümlichem Gesang drum rum. Christen feiern Gottesdienst, seit der Heilige Geist sie zusammengeschlossen hat. Nicht weil es Menschen gibt, die es lieben, auf harten Bänken zu sitzen und sich von einer Person in Schwarz belehren zu lassen. Für manche ist ein Gottesdienst die Fortsetzung einer Schulstunde mit anderen Mitteln. Und mit quälenden Vorstellungen besetzt.

Aber ein Gottesdienst ist auch nicht das Gegenteil: die Fortführung der Unterhaltung mit göttlichen Mitteln, so eine Art Carmen-Nebel-Show ohne Tanzeinlage, oder ein Popkonzert mit eingestreuten Wortbeiträgen. Es geht weder um Weiterbildung noch um Unterhaltung. Natürlich auch nicht um Langeweile: Gottesdienst als so eine Art milder Selbstbestrafung. Wir dienen Gott ein bisschen, langweilen uns zur Ehre Gottes rum, um uns Pluspunkte im Himmel zu sammeln.

Gottesdienst ist die Art und Weise, „mit Gott zu kommunizieren", also Gemeinschaft zu haben. Es geht um die Begegnung mit Gott. Im Grunde sollen wir im Gottesdienst wirklich erwarten, dass Gott mit uns „spricht". Martin Luther hat mal bei einer Kircheneinweihung in Torgau eine unübertroffen kurze und treffende Erklärung gegeben, was Gottesdienst ist, und warum er durch nichts zu ersetzen ist: In einem Gottesdienst geschieht „nichts anderes (...), als dass unser lieber Herr mit uns rede durch sein heiliges Wort und wir

Glauben kann keiner für sich alleine. Weil Gott nie alleine ist.
#gottistgemeinschaft

wiederum ihm antworten in Gebet und Lobgesang". Im Gottesdienst erfährst du also nicht bloß etwas „über Gott" und irgendjemand hält dir einen Vortrag darüber. Gähn. Du hörst nicht etwas „über ihn", sondern „von ihm". Und kannst selber antworten. Es geht also um Anrede und Antwort. Darum, dass du irgendwie „angesprochen" wirst. Und merkst: „Mensch, ich bin ja gemeint. Das ist wie für mich geschrieben. Gesagt. Gesungen."

Wenn du das merkst, dann bedeutet das: Gott redet mit dir. Wenn etwas genau in dein Herz trifft, dann ist das kein Zufall. Sondern genau das, was man nicht inszenieren kann, was dir aber passieren soll, wenigstens ab und zu. In einem Gottesdienst. Dass du echt antworten kannst. Und damit sind wir beim Beten. Wie man mit Gott reden lernt.

Icebreaker:

Fühlst du dich in Gemeinschaft wohler oder wenn du mit dir alleine bist?

Impulse zum Weiterdenken:

- → **Sind Glaubenszweifel in einer christlichen Gemeinde erlaubt? Wie wollt ihr damit umgehen?**
- → **Erzählt mal: Ist dir das schon mal passiert, dass dir jemand was gesagt hat und dich das so getroffen hat, als hätte Gott mit dir geredet? Wenn keiner von euch damit Erfahrungen hat, macht eine Umfrage unter Älteren in eurer Gemeinde!**
- → **Tauscht euch über den Gottesdienst in eurer Gemeinde aus. Was wünschst du dir, was darf man erwarten, wonach sehnt ihr euch? Ladet Leute aus eurer Gemeindeleitung ein und sagt ihnen ehrlich, was ihr denkt.**

Bibelvers zum Beherzigen:

Jesus bittet für seine Jünger, „dass sie alle eins seien. Wie du, Vater, in mir bist und ich in dir, so sollen auch sie in uns sein, auf dass die Welt glaube, dass du mich gesandt hast."

(Johannes 17,21)

#12

GOTT WARTET AUF DEINE ANTWORT

Die Verbindung steht. Du hast eine Beziehung zu Gott! Die lebt vom gegenseitigen Austausch. Wenn man nicht miteinander redet, „lebt“ die Beziehung nicht. Sich nur anzuschweigen ist der Anfang vom Ende einer Partnerschaft. Wenn man sich nichts zu sagen hat, ist es die Frage, ob man wirklich zusammen sein will. Wenn man sich nicht traut, mal den Mund aufzumachen und dem anderen was Nettes zu sagen, dann kommt die Beziehung womöglich gar nicht zustande. Mit Gott reden, das heißt, deine Freude mit ihm zu teilen und sie dadurch zu verdoppeln. Unglück lässt sich auch teilen, wo es richtig schlecht läuft für dich: Geteiltes Leid ist halbes Leid! Spätestens ab jetzt brauchst du nie wieder was alleine mit dir abzumachen. Sprich Gott an, erzähl ihm von dir! Auch wenn er schon alles weiß. Es geht nicht um Information, sondern um Austausch. Lass dir ins Herz schauen, schütte ihm dein Herz aus, dann vertieft sich eure Beziehung! Schenk ihm deine Dankbarkeit, sag ihm, was er für dich bedeutet, mach ihm Liebeserklärungen, und trau dich, ihn um was zu bitten! Um all das geht es jetzt: ums Beten. Das ist das Lebenszeichen des Glaubens. Je lebendiger deine Beziehung zu Gott ist, desto leichter fällt dir das Beten. Und umgekehrt: Jedes Mal, wenn du mit Gott sprichst, vertiefst du deine Verbindung zu ihm.

Aber kein Stress: Den Kontakt zu Gott muss du gar nicht selber herstellen. Das hat Gott schon getan. Er will mit dir reden. Das ist der Grund, warum Beten sinnvoll ist! Du hast das Versprechen: „Ich höre dir zu.“ Du brauchst also einfach nur zu antworten. Ohne dieses Versprechen wäre Beten so was wie ein verzweifelter Funkspruch ins Ungewisse: „Mayday, hier Erde an Himmel, wir haben ein Problem, hört mich einer, over?“ Irgendwann versucht das jeder mal, vor allem dann, wenn nichts mehr geht und man mit seinem Latein am Ende ist und denkt: „Jetzt kann mir eigentlich nur noch Gott helfen“. Und wenn es nur ein Stoßgebet ist: „Hilfe, Gott“, oder so. Das Sprichwort heißt: „Not lehrt Beten“. Aber das stimmt nur teilweise: Die Not treibt dich vielleicht ins Gebet, aber sie sagt dir nicht, wie und zu wem du beten kannst! Das ist so, als würde bei dir die Hütte brennen, du willst den Notruf wählen, aber dir fällt ums Verrecken die Nummer nicht ein. Vielleicht 11833, nee, dann irgendeine 0190er Service-Hotline, und du landest in der Warteschleife. Dann ist Beten ein Versuch, aufs Geratewohl einen Gott, den man nicht sieht, von dem man gar nicht weiß, ob er da ist, geschweige denn, dass er wirklich zuhört, anzurufen. Das ist wie eine Flaschenpost in den Ozean zu werfen in der Hoffnung, dass die Nachricht irgendwie an der richtigen Stelle ankommt.

Aber wenn du betest, kannst du dich auf ein Versprechen berufen: „Gott hat gesagt, ich soll ihn ansprechen!" Denn genau das möchte Gott die ganze Zeit: Mit uns in Verbindung bleiben. Er liegt uns in den Ohren: „Sprich! Mich! An!", scheint er aus fast jeder Bibelseite zu rufen.

„Wenn du keinen Ausweg mehr siehst, dann rufe mich zu Hilfe!", sagt er (vergleiche Psalm 50,15). Die ganze Geschichte Gottes handelt doch von seiner Kontaktaufnahme zu uns. Davon, die gestörte Verbindung zwischen ihm und den Menschen wiederherzustellen. Dieser Kontakt ist durch Jesus wieder neu möglich geworden. Und möglich geblieben durch den Heiligen Geist, der sozusagen die Standleitung zu Gott ist. So hat Gott zu uns Kontakt aufgenommen. Und wir können in der umgekehrten Richtung zurücksenden: im Heiligen Geist, durch Christus zu Gott dem Vater durchkommen. Das ist übrigens die liturgische Formel, die sagen will, wie Gebet „funktioniert". Da ist der Heilige Geist sozusagen das WLAN, Christus der Router und Gott die IP-Adresse, wo einer am anderen Ende online ist. Das Entscheidende bei dieser Formel ist: Wir sollen so unmittelbar mit Gott reden können wie Jesus mit seinem Vater. Das geht wirklich! Du kannst mit der gleichen Intimität mit Gott sprechen wie Jesus: Du kannst wie er „Abba", also „Papa", zu Gott sagen. Weil du zur Familie gehörst. Du hast seinen Geist. Der Heilige Geist integriert dich sozusagen in das Gespräch. Zwischen dir und Gott steht nichts, das dich wirksam hindern könnte, echt Kontakt aufzunehmen.

Gott wartet auf deine Antwort. Schon immer.
Die Sprachverbindung steht!
#callme

In den nächsten fünf Kapiteln möchte ich dir zeigen, wie du mit Gott reden kannst. Denn am Anfang ist die Schwelle, Gott echt selber anzusprechen, ziemlich hoch: Wie kann ich Gott anreden, was sage ich, um was kann ich ihn bitten, wie klappt es, nicht immer das Gleiche zu labern?

Icebreaker:

Fällt es dir schwer, Kontakt zu anderen aufzunehmen? Wie sprichst du ein Mädchen oder einen Jungen an?

Impulse zum Weiterdenken:

- → **Kommst du dir manchmal komisch vor, wenn du betest?**
- → **Betest du lieber still oder laut?**
- → **Was oder wer hat dir Mut gemacht beim Beten?**

Bibelvers zum Beherzigen:

Die „Telefonnummer Gottes" ist 5015:
„Rufe mich an in der Not, so will ich dich erretten, und du sollst mich preisen."
(Psalm 50,15)

#13 GOTT MIT NAMEN ANSPRECHEN

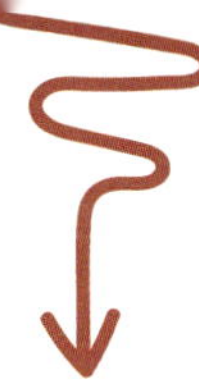

Gott wartet darauf, mit dir zu reden. Deshalb trau dich, ihn anzusprechen! Jesus macht seinen Jüngern Mut dazu: Als die ihn mal danach fragen, wie man das macht, so mit Gott zu reden wie er, da betet er mit ihnen einfach das Vaterunser. Er gibt ihnen also weder eine komplizierte Anleitung noch ein einfaches Rezept. Er betet selbst, aber so, dass die Jünger mitmachen können. Zugleich gibt er ihnen ein Gebet, das ganz einfach ist, aber ohne irgendwie platt oder kitschig oder irgendwann langweilig zu sein. Im Gegenteil: Das Vaterunser zu beten muss man sein ganzes Leben lang „lernen". Jesus zeigt seinen Jüngern also einen Weg, auf dem sie weitergehen können. Das bedeutet zugleich: Du kannst dir die Worte von Jesus leihen und schon deshalb „wie Jesus" beten. Aber weil das „Originalton Jesus" ist, sollst du genauso mit deinen eigenen Worten mit Gott reden. Dazu macht Jesus seinen Freunden Mut und erzählt ihnen das Gleichnis von einem Mann, der nachts dringend noch was zu essen braucht, weil er Besuch bekommen hat, und deshalb wie selbstverständlich bei seinem Freund klingelt, obwohl der schon schläft. Und egal wie nervig das ist, er hilft ihm natürlich aus der Patsche. „Wenn du schon deine Kinder nicht heimtückisch hinters Licht führst und ihnen einen Stein in die Hand drückst, wenn sie ein Brötchen haben wollen, dann kannst du doch davon ausgehen, dass Gott dich auch nicht hängen lässt, oder?", schließt Jesus. (Lukas 11,1-13) Beten braucht solches Vertrauen. Je besser du den kennst, den du ansprichst, desto leichter fällt es.

Wie ein „Gespräch mit Gott" geht, wird dann klarer, wenn dir deutlich wird, mit wem du redest. Denn das Beten so wie Telefonieren ist, ist ja eine falsche Erwartung. Weil Beten kein Gespräch ist, wo Gott so mit dir redet wie du mit ihm. Mit Gott zu reden ist in den seltensten Fällen wie Smalltalk: „Na, wie geht's, läuft bei dir?" Ich finde, Beten ist eher wie WhatsApp-Nachrichten oder Voicemails zu verschicken und dann darauf zu warten, wie und wann du eine Antwort kriegst. Aber darum wird es ab Kapitel 18 noch gehen.

Im Gespräch mit Gott gibt es ein paar Elemente, die ich dir näher beschreiben möchte. Sie finden sich schon in den Psalmen, dem Buch in der Bibel, an dem man viele der „Regeln" ablesen kann, wie man mit Gott sprechen kann. Zuerst die Anrede. Wie du Gott ansprichst. Da geht's nicht um Formalitäten, ob du Gott mit dem korrekten Titel ansprichst. Wie du ihn nennst, darin steckt schon alles, was eure Beziehung zueinander ausmacht. Die Anrede ist sozusagen schon ein Gebet im Mikro-Format. Sie sagt, wie ihr zueinander steht. Die drückt Distanz oder Nähe aus. Vertrautheit oder Fremdheit. Ich bete manchmal nichts anderes, als dass ich Jesus anspreche und mir vorstelle, dass er bei mir ist, oder sein soll: „Jesus, hier bin ich." Beim Einatmen bete ich still: „Jesus", beim Ausatmen „hier bin ich." So lange, bis ich nicht mehr darüber nachdenke und das Gebet schon aus mir herauskommt, bloß wenn ich atme.

Wenn du jemanden anredest, findet ein „Wiedererkennen" statt, wie bei einem Treffen von Bekannten oder Freunden: Wenn du den Namen von jemandem aussprichst, zeigst du, dass du ihn kennst, du rufst dir die gemeinsamen Erinnerungen ins Gedächtnis. Ähnlich ist es bei Gott: Er ist keine anonyme Macht, an die man sich wenden kann. Er ist Jemand. Eine Person. Er hat einen Eigennamen: „Jhw" auf Hebräisch (eigentlich unaussprechlich, damit man damit keinen Unsinn anstellt, sondern Ehrfurcht davor behält), was übersetzt so was bedeutet wie: „der für dich da sein will" oder „der mit dir zusammen sein will". Wie du Gott anredest, so sprichst du ihn genau darauf an, dass er „da" sein will für dich. Du sagst, was er dir bedeutet und dabei schwingt alles mit, was du mit ihm schon erlebt hast, oder was du von ihm erwartest. Manche dieser Anreden finden sich in der Bibel: „Vater" zum Beispiel. Den hat Jesus benutzt, und das war ungewöhnlich. Er sagte sogar „Papa"! Oder es sind Eigenschaften von ihm, in denen sich zeigt, wer und wie er ist: „Gütiger, Barmherziger, Allmächtiger, ..." Fallen dir noch mehr „Eigenschaften" Gottes ein, die zur Anrede im Gebet werden

Wie du Gott ansprichst,
darin zeigt sich schon eure Beziehung.
#sagduzumir

können? Im Grunde steckt damit in jeder Anrede im Gebet schon ein Gotteslob, eine Liebeserklärung. Ein Kosewort. Denn wenn du Gott lobst, dann gibst du ihm keine Schulnote: „gut gemacht“ oder „na ja, geht so“. Du sprichst an, wer er ist. Für dich. Das ist Lobpreis: eine Liebeserklärung.

Icebreaker:

Hast du einen Spitznamen, mit dem dich deine Familie oder deine Freunde ansprechen? Was sagt er über dich aus? Hast du ein Kosewort für deinen Lieblingsmenschen?

Impulse zum Weiterdenken:

- → **Zu wem betest du: zu Gott? Redest du mit Jesus? Welche Anrede ist dir am vertrautesten?**
- → **Wie viel Nähe und wie viel Distanz liegt in deiner Gebetsanrede?**
- → **Wann betest du lieber mit geliehenen und wann mit eigenen Worten? Und warum?**

Bibelvers zum Beherzigen:

„Ihr habt einen Geist der Kindschaft empfangen, durch den wir rufen: Abba, lieber Vater! Der Geist selbst gibt Zeugnis unserm Geist, dass wir Gottes Kinder sind.“

(Römer 8,15f.)

#14

LASS GOTT AN DEINEM LEBEN TEILHABEN

Du kannst Gott einfach was erzählen. Von dir. Was du erlebst. Du kannst deine Freude mit ihm teilen und deine Niederlagen. Worauf du stolz bist und wofür du dich schämst. Wenn du Gott dein Leben erzählst, siehst du es zugleich auch aus seiner Perspektive. Und versuchst damit, auf eine „Wellenlänge" mit Gott zu kommen. Du versetzt dich beim Beten also in die Situation hinein, dass Gott dich sieht, dich hört und an dich denkt. Das kann man sogar wissenschaftlich nachweisen: Man hat mal betende Nonnen in die Röhre geschoben und dem Gehirn beim Beten live zugesehen. Das überraschende Ergebnis war, dass dabei besonders die sogenannten Spiegelneuronen aktiv waren, die dann arbeiten, wenn Menschen versuchen, sich in jemand anderen hineinzuversetzen. Gott im Gebet was zu erzählen, ist natürlich viel mehr als Information, die Gott ohnehin nicht braucht. Es ist „Mitteilung", du teilst was mit ihm und lässt Gott so an deinem Leben teilhaben. Das bedeutet es, vor Gott zu leben – nicht als hättest du ständig einen Stalker, der jeden deiner Schritte überwacht, sondern einen Begleiter.

Je mehr du Gott von dir erzählst, desto intensiver wird eure Beziehung. Dazu gehört beides. Erst mal das Schöne. Deine guten Gefühle, deine guten Gedanken, deine Erfolge. So wird aus deiner Freude und deinem Dankeschön ein Gotteslob. Deine Freude wird verdoppelt. Und wenn man das auch noch singt, dann betet man noch mal doppelt, hat der Kirchenvater Augustinus mal behauptet. Und dann kannst du auch das andere mit Gott teilen: deinen Tritt in den Fettnapf und wofür du dich schämst. Was dich fertigmacht, was dich ärgert und dir den Tag versaut hat, was du kaum noch aushältst. Was dir wehtut. Worunter du leidest. Das Mobbing der anderen. Du glaubst gar nicht, wie viele Klagepsalmen genau das zum Inhalt haben. Wenn du das mit Gott teilst, wird das Leid halbiert, sagt ein Sprichwort: „Geteiltes Leid ist halbes Leid." Und du gewinnst Abstand von dir. Im Buch der Psalmen gibt es übrigens mehr Klagen als Lobeshymnen. Vielleicht ist das realistisch, was das Leben betrifft. Auf diese Weise Gott etwas erzählen zu können, gelingt aber nur, wenn du umgekehrt auch an „Gottes Leben" teilnimmst, also dich immer wieder auch in seine Geschichte hineinversetzt. Das Erzählen im Gebet gelingt nicht als Einbahnstraße, wo der Gesprächspartner sozusagen die Mülldeponie für allen Frust ist und selber nie zu Wort kommt.

Wenn du also anfängst, Gott dein Leben zu erzählen, passiert dabei noch etwas anderes: Du begegnest dir selber. Das kann befreiend sein, manchmal aber auch schmerzhaft, weil man sich womöglich plötzlich nicht mehr wiedererkennt und seiner Schuld begegnet. Wenn man womöglich plötzlich einsieht, wie bekloppt man gewesen ist, ohne es zu merken. Oder wie lieblos. Oder ichbezogen. Das gehört genauso ins Gebet: Gott seine Schuld zu bekennen.

Aber ohne Druck. Denn das vor Gott auszusprechen ist keine geheuchelte Selbstkritik. Genauso wenig bist du beim Beten in einer Verhörsituation, wo dich der große Kontrolleur mit der Lampe der Wahrheit blendet. Gerade deine Schuld zu bekennen, setzt großes Vertrauen voraus. Ein gebetetes Schuldbekenntnis ist also kein Geständnis bei der himmlischen Sittenpolizei, sondern geschieht eher so wie im Gleichnis vom verlorenen Sohn (Lukas 15,21): Zu Gott kommen und merken, dass er dir schon mit offenen Armen entgegensprintet. Und dann sein Herz ausschütten können. Seine Schuld bekennen zu können, braucht Mut und Vertrauen. Wer Schiss hat, der gesteht irgendwas, aber er bekennt sich nicht.

Wenn du aus deinem Herzen keine Mördergrube machst, sondern es öffnest, macht die Schuld deine Beziehung zu Gott sogar noch fester und tiefer. Wenn du sie ihm gibst.

Beten ist Vertrauenssache.
Du kannst rückhaltlos ehrlich sein.
#machdirnichtsvor

Icebreaker:

Wen hast du,
mit dem du über alles
reden kannst?

Impulse zum Weiterdenken:

→ Wann ist für dich die beste Zeit,
um deinen Tag mit Gott durchzugehen?

→ Wie ist die Vorstellung für dich,
dass Gott dich kennt und alles sieht?

→ Hast du Gott schon mal dein Herz ausgeschüttet?

Bibelvers zum Beherzigen:

„Herr, du erforschest mich und kennest mich.
Ich sitze oder stehe auf, so weißt du es;
du verstehst meine Gedanken von ferne.
Ich gehe oder liege, so bist du um mich und
siehst alle meine Wege. Denn siehe,
es ist kein Wort auf meiner Zunge, das du, Herr,
nicht alles wüsstest. Von allen Seiten umgibst du mich
und hältst deine Hand über mir."
(Psalm 139,1ff.)

#15

GOTT DANKEND NÄHER KOMMEN

Früher war mein Elternhaus für mich manchmal bloß Tankstelle und Garage: Da gab's Essen und da konnte ich pennen. Und die Klamotten wurden gewaschen. Aber dankbar war ich nicht wirklich dafür. Ich hab alle Vorzüge gerne genommen, aber das war‘s dann. Die Beziehung zu meinen Eltern war in der Zeit eher an meinem Bedarf orientiert. Beim Beten kann das ähnlich sein. Wie du betest, ist Ausdruck deiner Beziehung zu Gott. Wenn du beim Beten im Grunde immer schon auf Gottes Anruf antwortest, müsste das erste, was du Gott sagst, was Dankbares sein. Bei so viel Vertrauensvorschuss von seiner Seite. Aber Dank ist nicht gleich Dank: Der kann oberflächlich bleiben oder eine tiefe Verbundenheit ausdrücken.

Dank kann auch eine Art von Bezahlung sein. Du hast was gekriegt, und der Geber erwartet als „Gegenleistung“, dass du ihm dankbar bist. Du stehst damit in seiner Schuld, und der Dank, den du ihm schuldest, ist dann so eine Art Befreiung aus einer einengenden Beziehung zu einem „Geber“ oder „Wohltäter“. Sozusagen eine Ersatzleistung für etwas, das man zwar umsonst bekommen hat, das einen aber gerade aus diesem Grunde in „Zugzwang“ setzt. Du kennst das Spiel mit den gegenseitigen Geschenken: „Jetzt haben Müllers uns beim letzten Besuch eine Packung Pralinen mitgebracht, da müssen wir doch auch mindestens eine Flasche Wein mitbringen...“ Wenn dein Dankgebet im Grunde diese Qualität hat, kann das die Beziehung zu Gott auf Dauer vergiften. Beim Danken soll doch deine Freude zum Ausdruck kommen. Wenn du das Danken richtig einübst, wirst du aufmerksamer für das, was du täglich, stündlich empfängst. Dass nichts einfach selbstverständlich ist. Es ist nicht erstrebenswert, auf niemanden angewiesen zu sein! Und es ist eine Illusion, du könntest dir die meisten Dinge selber erarbeiten. Und das, was dir zustößt, komplett kontrollieren. Das Gegenteil ist wahr: Das meiste, wovon du lebst, hast du nicht erarbeitet. Oder ist das Ergebnis davon, dass du alles richtig gemacht hast. Echte Dankbarkeit entsteht aber erst, wo sie nicht anonym bleibt, sondern wo du eine Adresse für deinen Dank hast. Und zwar nicht ab und zu mal. Wenn du Schwein gehabt hast oder mit Geschenken überschüttet worden bist. Jeder Dank soll dich mit Gott enger zusammenschließen. „Zu Dank verpflichtet zu sein“, bedeutet dann nichts Einengendes. Sondern es heißt, in einer fortwährenden Beziehung zu Gott zu stehen. Nicht bloß dieses oder jenes schöne Geschenk oder Erlebnis als „dankend angenommen“ zu quittieren wie auf einem Kassenbon.

Jesus ist mal einer Gruppe von Leprakranken begegnet und hat sie alle geheilt. Alle waren total dankbar. Und sind dann wieder nach Hause gegangen. Aber einer ist geblieben. Den hat der Dank über die Hilfe in Kontakt zum Helfer gebracht. (Lukas 17,11-19) Gott zu danken bedeutet, sich wirklich etwas schenken zu lassen und zu wissen, von wem es kommt:

Letztlich bedeutet zu danken immer, den „Geber" zu meinen und ihn über all den Gaben nicht aus dem Auge zu verlieren. Wenn dir also einer sagt, er sei ja wahnsinnig dankbar dafür, dass es ihm so gut geht, dann ist damit überhaupt noch nichts gesagt darüber, ob es ihm wurscht ist, woher das kommt und ob sein Dank eine Adresse hat. Wenn du realisierst, was du Gott verdankst, dann sag es ihm! Und wenn du begreifst, wie sehr du auf Gott angewiesen bist und immer bleibst, dann sag es ihm. So konkret wie möglich.

Pfleg deine Beziehung zu Gott:
Du verdankst ihm alles.
#sagschöndanke

Icebreaker:

Wie findest du die Situation, wenn Eltern ihre Kinder fragen, die was geschenkt bekommen haben: „Und was sagt man?!"

Impulse zum Weiterdenken:

→ Guckt euch eure Dankgebete mal dahingehend an, welche Qualität der Beziehung aus ihnen spricht: eher herzlich oder oberflächlich?

→ Versucht doch mal ein gemeinsames Dankgebet, wo ihr das ganze Alphabet durchgeht, und zu jedem Buchstaben etwas findet, wofür ihr Gott dankbar seid!

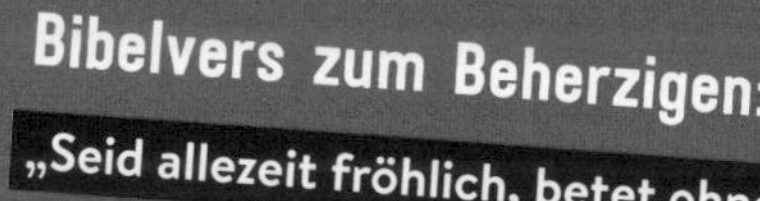

Bibelvers zum Beherzigen:

„Seid allezeit fröhlich, betet ohne Unterlass, seid dankbar in allen Dingen; denn das ist der Wille Gottes in Christus Jesus für euch."
(1. Thessalonicher 5,16ff.)

#16

BITTEN IST VERTRAUENS-SACHE

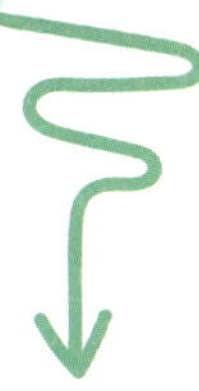

Bitten ist Vertrauenssache. Du gibst dir dabei eine Blöße. Wenn du was brauchst, fragst du nicht jeden. Jemanden wirklich um was zu bitten, ist Ausdruck einer intimen und belastbaren Beziehung. Das Bitten ist sozusagen der Prüfstein dafür, dass deine Beziehung zu Gott was aushält und nicht unverbindlich bleibt, sondern dass du von Gott wirklich was erwartest. Es ist keine Schande, etwas ganz dringend zu brauchen! Auf Gott angewiesen zu sein, ist unsere größte Würde! Gott will ausdrücklich, dass wir ihn mit allem nerven und in den Ohren liegen, was wir brauchen. (Denk noch mal an den Kerl, der spät nachts bei seinem Freund klingelt, Lukas 11,5-8).

Gerade beim Bitten ist aber entscheidend, dass man im Gespräch mit Gott auch anderes zu sagen hat außer „gib mir dies, tu bitte das". Was ist zu dreist? Oder bist du zu bescheiden und traust dich nicht, Gott auch um echt große Sachen zu bitten? Manchmal ist man ja unsicher, ob man Gott um etwas bitten kann. Aber dafür gibt es keine Liste: „erlaubt – verboten". Es kommt bei einer Bitte auf die Beziehung an: Wenn man nur noch zu Weihnachten nach Hause kommt, um sich seine Geschenke abzuholen und dann um was bittet, ist das schwierig. Muss aber nicht sein: Wenn ihr euch kennt und wirklich liebt und womöglich auch sonst viel miteinander zu tun habt, ist ziemlich viel möglich. Eine Bitte unterscheidet sich von einer anderen also, je nachdem, in welcher Situation und in welcher Beziehung sie geäußert wird: Bittet eine Tochter ihren Vater, oder ein Mann seine Frau, oder ein Bettler einen Passanten auf der Straße, oder eine wohltätige Institution um solidarische Unterstützung – jedes Setting verändert das Bitten. Welches ist die Situation beim Beten? Jedenfalls ist ein Bittgebet schon mal keine Technik, um jemandem was aus dem Kreuz zu leiern. Also ein religiös kultiviertes Schnorrverhalten. Deshalb ist das Bittgebet auch völlig missverstanden, als wäre das was Magisches: Also wie man Gott dazu bewegt, einem seine Wünsche zu erfüllen und unter Umständen was zu tun, was er sonst aus eigenem Willen nicht täte.

Eigentlich ist das Reden vom Bitten als „Zauberwort" ziemlich missverständlich: als wolle man mit diesem „Zauberwort" auf versteckte Weise Macht ausüben. „Bitte" ist, wenn überhaupt, deshalb ein Zauberwort, weil es ins Herz treffen kann und den Gebetenen auf seine Freiheit und auf seine Liebe anspricht. Auch bei Gott. Durch die Bitte entsteht also eine „freie Liebesbeziehung“ im Nehmen und Geben, bei der man gerade nicht aufrechnet: „Wie du mir, so ich dir.“ Deshalb musst du vor Gott nicht betteln oder versuchen, ihn zu überreden versuchen, auch wenn es in der Bibel heißt, dass man bei Gott ruhig ordentlich quengeln darf (Lukas 18,1-8), weil sich darin die Beziehung zwischen Gott und uns ausdrückt: Nicht die von Bittstellern, sondern von Kinder zu ihrem Vater, den sie mit allem nerven dürfen – auch wenn der oft besser weiß, was die Kinder wirklich brauchen, und es manchmal vielleicht besser ist, eine Bitte nicht zu „erhören“. Dass Gott besser als du selbst weiß, was du brauchst, bedeutet aber nicht, deshalb nicht mehr zu bitten. Aus diesem Grunde gar nicht erst zu bitten, würde bloß wieder bedeuten, die bestehende Beziehung nicht zu „pflegen“, sondern als Mittel zum Zweck zu missbrauchen.

Damit ist eigentlich schon beantwortet, um was du Gott bitten kannst: um alles. Was du wirklich aus seiner Hand annehmen kannst. Denn eines bekommst du auf jeden Fall immer: Gott gibt dir nicht nur das, was du brauchst und was dich freut. Er schenkt sich selber immer mit dazu. Gratis. Wenn du merkst, „das geht eigentlich nicht“, dann ist an deiner Bitte was faul. „Gott hört dein Rufen, wenn du ihn dabei suchst. Er hört dich nicht, wenn du durch ihn anderes suchst.“ Hat der Kirchenvater Augustinus aus Afrika mal gesagt. Gecheckt?

Du darfst alles von Gott erwarten.
Wenn du ihn bittest, schenkt er sich gleich mit.
#bittebitte

Icebreaker:

Welche Bitte ist dir peinlich?

Impulse zum Weiterdenken:

→ Worum kann man Gott auf keinen Fall bitten?
Versucht doch mal, eine „Negativliste“ anzulegen!

→ Welche deiner Bitten ist von Gott erhört worden, und wie?

Bibelvers zum Beherzigen:

„Bittet, so wird euch gegeben;
suchet, so werdet ihr finden;
klopfet an, so wird euch aufgetan.“
(Matthäus 7,7)

#17

GOTTES WILLEN UND DEINE WÜNSCHE

Je mehr du mit Gott redest, desto näher kommt ihr euch. Du weißt, was er dir wirklich bedeutet. Du teilst mit ihm dein ganzes Leben. Du bekommst ein Gespür dafür, was du von ihm erwarten darfst. Du beginnst, ihm sogar dafür zu danken, was du dir selber nie ausgesucht hättest, worum du ihn selber nie gebeten hättest. Du lernst ihn immer besser kennen und bekommst ein Gefühl dafür, was Gott will und was nicht. Und so findet ihr beide wirklich auf eine Wellenlänge: Was du willst und was Gott will, findet immer öfter zusammen. Dabei muss man die Balance halten: Beim Beten begegnet dein Wille nämlich dem Willen Gottes. Das, was du gerne hättest, was du dir wünschst, das legst du Gott vertrauensvoll in die Hände. Was macht er damit? Es bleibt auf jeden Fall immer ein Unterschied zwischen dir und Gott.

Sonst wäre dein Gebet bloß Resignation und Schicksalsergebenheit: „Mach was du willst, Gott." Für einen, der von vornherein in vorauseilendem Gehorsam sagt: „Ich will sowieso immer das, was Gott schon vorhat", für den wird es irgendwann eigentlich unnötig, noch mit Gott zu reden. Weil er selber eigentlich nichts mehr zu sagen hat. Oder du bildest dir ein, selber immer schon zu wissen, was Gott will. Am liebsten natürlich das, was du auch schon immer gewollt hast. Fanatiker spannen auf diese Weise Gott für ihre Zwecke ein und halten ihre Gebete für besonders fromm, weil sie ja angeblich einer Meinung mit Gott sind. Wenn du betest, ist es aber gerade wichtig, Gott die Freiheit zu lassen, was er tut und wie er antwortet.

Wann weißt du eigentlich, ob dein Gebet „angekommen" ist? Wenn eintrifft, um was du gebeten hast, so wie ein bestelltes Päckchen? Dann wäre Gott womöglich doch bloß so eine Art Laufbursche, den du losgeschickt hast und dann ungeduldig oder unzufrieden auf das Resultat des ausgeführten Auftrages wartest. Du hast Gott doch in Freiheit gebeten und kannst es seiner Freiheit – und seinen Ideen, seiner Güte, seiner Voraussicht – überlassen, auf dein Gebet zu reagieren. Wie dein Anliegen in seinen guten Willen für dich reinpasst. Andersrum klappt das auf jeden Fall schlechter: dass du versuchst, in deine Wünsche den Willen Gottes irgendwie noch reinzudrücken. Gott kann das besser, deine Wünsche in seinen Plan einzubauen! Überlass es doch Gott und achte neugierig darauf, wie er das macht! In dem du weiter mit ihm im Gespräch bleibst und aufmerksam dafür bist, wie die Story weitergeht, bei der Gott der Regisseur ist und du dich selber spielst! Und natürlich heißt das wiederum nicht, dass du Gott eigentlich gar nichts zu bitten brauchst. Das wäre dann wie beim Ehemann, der mit seiner Frau schon lange nicht mehr redet, weil sie ja sowieso alles tut, was er gewohnt ist. Gottes Wille geschieht also, auch ohne dass du ihn darum bittest. Das wäre so, als die Sonne morgens ans Aufgehen zu erinnern. Gottes Wille geschieht. Aber es ist was anderes, ihn zu bitten, dass er auch bei dir geschieht. So etwa verstehe ich die Bitte aus dem Vaterunser: „Dein Wille geschehe“. Es geht darum, deinen und Gottes Willen zusammenzubringen.

Beten ist Vertrauenssache. Und das gilt letztlich auch dafür, dass du Gott glaubst, dass er dein Gebet hört. Aber dafür hast du sein Versprechen! Deshalb steht und fällt die Erhörung deiner Bitten auch nicht mit irgendwelchen positiven oder negativen Erlebnissen und Erfahrungen. Denn: „Gott erfüllt nicht all unsere Wünsche, aber alle seine Verheißungen.“ (Dietrich Bonhoeffer) Und das ist definitiv besser so.

Leg deinen Willen in Gottes Hände. Und nimm nicht seinen Willen in deine Hände.

#einewellenlänge

Icebreaker:

Hast du immer alles von deinen Eltern gekriegt, was du dir gewünscht hast?

Impulse zum Weiterdenken:

→ Erzählt euch doch mal davon, wie ihr damit umgegangen seid, dass Gott eine Bitte nicht erhört hat.

→ Wie gelingt es, darauf zu vertrauen, dass Gottes Wille für dich wirklich das Beste ist?

→ Überlegt, wie man einen Verzicht auf etwas Gewünschtes in einem Gebet unterbringen kann.

Bibelvers zum Beherzigen:

„Vater, willst du, so nimm diesen Kelch von mir; doch nicht mein, sondern dein Wille geschehe!“ (Lukas 22,42)

#18

AUF GOTT HÖREN. NICHT NUR REDEN, REDEN, REDEN.

Wenn Beten bedeutet, mit Gott wirklich zu reden, dann kann das keine Einbahnstraße sein: Du textest Gott zu, und der sagt nie was. Dann müsste Gott auch mal antworten. Aber wie? Wie „spricht" Gott? Was denkst du: Ist Gott einer, der spricht und nur ausnahmsweise mal schweigt? Oder ist es umgekehrt: Gott schweigt meistens, und nur ab und zu hört man mal was von ihm? Meistens bloß vom Hörensagen. Wenn aber Gott sich doch mitteilen will und aus tiefstem Herzen Gemeinschaft sucht, dann müsste die zweite Antwort eigentlich total falsch sein. Doch sie scheint der Erfahrung eher zu entsprechen. Liegt das womöglich daran, dass wir es schlicht nicht lernen, auf Gott zu hören? Wie macht man das?

Um die Funkstille zu beheben, gibt es keinen Trick. Wenn du wirklich versuchen willst, auf Gottes Stimme zu hören, geht es dir womöglich zuerst wie Jim Carrey in „Bruce Allmächtig": Bruce fühlt sich vom Schicksal ungerecht behandelt. Er ist entlassen worden, und jetzt hadert er mit Gott: "Gott, erklär mir das! Melde dich! Wenn du Mumm hast, dann zeig dich und versteck dich nicht!" So schimpft er. Dabei hat Gott schon x-mal versucht, ihn anzufunken. Und ihm die Nummer gegeben, unter der er erreichbar wäre. Aber Bruce kapiert gar nichts. Bruce dreht sich so um seinen eigenen Bauchnabel, dass er nichts mitkriegt. Gott könnte ihm in die Ohren brüllen, er würde es für einen schlimmen Anfall von Tinnitus halten.

Es könnte also sein, dass Gott die ganze Zeit redet, aber wir hören komplett an ihm vorbei. Mir geht es ehrlich gesagt immer wieder so: Ich sitze im Gottesdienst oder zu Hause und versuche, innerlich still zu werden. Aber mir gehen tausend Sachen durch den Kopf, was ich alles noch schaffen will, wen ich unbedingt noch besuchen muss, es ist ein endloses Gedankenkarussell. Ich habe versucht, Gott das alles abzugeben und still zu werden und habe gelauscht. Nichts. Bei mir ist manchmal absolute Funkstille.

Vielleicht hast du noch nie ein deutliches Wort von Gott gehört, oder eine Botschaft, wo du den Eindruck nicht loswirst: „Da wollte Gott mir was mitteilen!" Und bist darüber ein bisschen enttäuscht. Und denkst: „Ich bin religiös wahrscheinlich völlig unmusikalisch. Ich kriege das nicht mit. Bin irgendwie zu nüchtern und realistisch." Aber die leise Sehnsucht nach einem Wort von Gott ist da. Was also kann man tun, wenn Gott scheinbar nicht mit einem spricht, aber du dich danach sehnst?

Das möchte ich in den nächsten fünf Abschnitten versuchen, zu beschreiben. Ich muss dabei ein bisschen Anlauf nehmen und zuerst auf die Störungen eingehen, die uns am Hören hindern.

Als Erstes: Statt selber was reparieren zu wollen, bitte Gott doch darum, deine Ohren frei zu pusten. Deine Aufmerksamkeit zu erhöhen, dich sensibler für sein Reden zu machen. Das ist so wie mit der Bitte um den Heiligen Geist: Die überhört Gott bestimmt nicht. Und die Bitte um die Gabe des Gehörs für Gott doch wohl auch! Und dann sei bereit: Richte deine Aufmerksamkeit darauf, dass du mit Gott ins Gespräch kommen willst, achte auf Zeichen und Hinweise, die dir vielleicht bisher immer entgangen sind. Schalte also vom ständigen Sende- Modus auf Empfangsbereitschaft. Auch beim Beten. Vielleicht kennst du in deiner Gemeinde Gebete dieser Sorte: „Ja lieber Herr wir wollen dir herzlich Danke sagen für alles und bitten dich um deinen Segen jetzt für alles, was wir besprochen und geplant haben, nächste Woche sind folgende Großveranstaltungen geplant, schick viele Leute, rühr sie an, mach, dass alles gut wird, dass die Technik klappt, dass der Urlaub schön wird, ach und Tante Frieda hat wieder Probleme mit dem Knie ..." Man kann aber auch „hörend beten". Und sagen „Rede, Herr, dein Knecht hört!" anstatt „Höre, Herr, dein Knecht redet!" So wie in der Geschichte vom kleinen Samuel, der als Junge an den Tempel des Priesters Eli kommt. (1. Samuel 3) Da heißt es: „Und zu der Zeit ... war des Herrn Wort selten, und es gab kaum noch Offenbarung." Ich glaube, wir leben auch in solchen Tagen. Jedenfalls in Mitteleuropa. Damals lag das wahrscheinlich nicht daran, dass Gott nichts mehr zu sagen hatte. Oder keine Lust mehr auf Gespräche. Sondern dass die Beziehung mit seinen Leuten irgendwie gestört war. Funkstille liegt meistens in nachhaltigen Beziehungsproblemen begründet! Das gilt nicht nur in der Eheberatung. So war es damals: Trotz beflissener Religion und geregeltem Dienst nach Vorschrift am Heiligtum. Nachts im Bett wurde Samuel wach und dachte ja zunächst, sein Lehrherr Eli hätte ihn gerufen. Mir ist dabei aufgefallen, was der erfahrene Eli dem Neuling geraten hat. Er sagte nicht: „Sei aufmerksam und hör gaaaaanz genau hin. Vielleicht hörst du die Stimme immer noch, hör genau in dich rein, das könnte eine Botschaft von Gott sein." Sondern: „Leg dich ruhig wieder aufs Ohr, Junge. Und wenn du den Ruf noch mal hörst, dann antworte. Sag einfach: ‚Rede Herr, dein Knecht hört'."

**Wenn du auf Gott hören willst,
dann schalte zuerst von Senden auf Empfangen.**
#frequenzwechseln

Das bedeutet: Erhöhe nicht den Druck, auch den nicht religiösen! Lerne, dich hinzulegen und abzuwarten. Vielleicht hast du ja auch die leise Panik: Womöglich habe ich auf meinem Glaubens-Handy jede Menge dieser Kurznachrichten, „entgangener Anruf“ von Gott. Und wenn Gott was sagt, dann bestimmt nur ein einziges Mal. Ich kann dich beruhigen: Gott wiederholt sich gerne! Er ist ziemlich hartnäckig! Und keiner, der nur einmal was sagt und dann nie wieder! Die Bibel sagt das absolute Gegenteil: Er liegt uns in den Ohren und hat Geduld ohne Ende!

Deine Einschätzung: Bist du ein guter Zuhörer?

- →**Welche Erfahrungen hast du beim Versuch gemacht, innerlich ruhig zu werden?**
- →**Sehnst du dich danach, was von Gott zu hören? Oder fürchtest du dich davor?**

Bibelvers zum Beherzigen:

„Rede, Herr, denn dein Knecht hört.“
(1. Samuel 3,10)

#19
AUF GOTT
HÖREN.
LEISER
LEBEN.

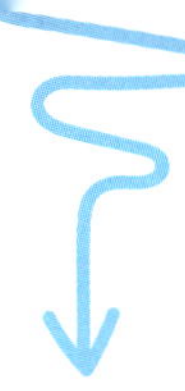

Wenn du zwar auf Empfang stellst, sich aber trotzdem nichts tut: Dann reduziere den Geräuschpegel in deinem Leben. Du findest dein Leben manchmal zu langweilig und wünschst dir, es gäbe dafür eine Vorspultaste, und schon wenn du vier Sekunden Pause hast, geht dein Blick auf den Display von deinem Smartphone? Du kommst nach einem stressigen Arbeitstag nach Hause, und noch bevor du den Lichtschalter betätigst, machst du den Fernseher an? Und wenn du Abendessen kochst und dein Handy klingelt, dann passiert es dir bei allem Multitasking, dass du dir den Kochlöffel ans Ohr hältst und mit dem Smartphone im Topf rührst. Dann wunder dich nicht. Wenn in meinem Leben zu viel passiert, ich zu viel um die Ohren habe – weil ich alles alleine machen will und mich für alles zuständig fühle und am liebsten zwei Schritte auf einmal mache und immer schon drei Schritte voraus bin und nie da, wo ich in Wirklichkeit gerade stehe – dann bin ich auch total zu, und zu mir dringt niemand mehr durch. Ich habe komplett auf Autopilot umgeschaltet und bin selber überhaupt nicht mehr auf der Brücke. Ich glaube, bei mir ist das eine Hauptursache für die Funkstille. Dieser Lebensstil ist aber weitverbreitet bei uns. Und wir wundern uns noch, warum wir von Gott nichts mitkriegen!

Ohne es zu lernen, die Stille auszuhalten und ihr Raum im Leben einzuräumen, kriegt man von Gott nur aus zweiter Hand was mit, behaupte ich. Menschen, die ihr Leben lang der Stille aus dem Weg gehen, werden Gott höchstens vom Hörensagen kennenlernen. Das Blöde dabei ist: Es ist nicht damit getan, die Klappe zu halten. Dann rumort es innen umso mehr. Das muss man üben. Davon erzählt diese kleine Geschichte: Besucher kommen zu einem Einsiedler und verbringen einige Zeit bei ihm, um von ihm zu lernen. Der Eremit ist im Gebet versunken, bisweilen geht er zum Brunnen und holt sich frisches Wasser. Sonst ist nur Stille und Schweigen. Öde. Abends fragen die Touristen den Einsiedler, wie er das aushält und was das denn bringt. Er geht mit den Leuten zum Brunnen, schöpft Wasser, trinkt und bittet die Besucher, in den Brunnen zu schauen. „Was seht ihr?" Sie sehen nichts als einige kleine Wellen. Nach einer ganzen Zeit der Stille und des Schweigens bittet er die Leute, wieder in das Wasser zu schauen. „Was seht ihr jetzt?" – „Wir sehen ganz deutlich unser Gesicht in der still gewordenen Oberfläche des Brunnens." „Seht ihr, das meine ich."

Wenn es in deinem Leben zu schnell und zu viel und zu laut ist, dann kann es sein, dass das einzige Wort von Gott, was dann noch funkt, so ist wie die monotone Stimme beim Navi, wenn man sich verfahren hat: „Bitte wenden." Statt der ermutigenden Antwort, die einem die Seele streichelt, gibt's nur einen Tritt in den Hintern. Meine Erfahrung ist, dass manches Hindernis, was dich davon abhält, einfach immer so weiterzumachen, keine Störung des Ablaufes ist, sondern ein Hinweis von Gott. Wenn du dich wirklich nach einem Ende der Funkstille sehnst und merkst und eigentlich heimlich schon lange weißt: „Das Leben, das ich führe, passt einfach nicht zusammen mit einem Leben in der Rufweite Gottes." Dann ist es kein Wunder, wenn das einzige Signal, das du noch empfängst, das „Bitte wenden" ist. Oder eben gar nichts. Das liegt aber nicht daran, dass Gott mit dir nicht mehr redet. Sondern dass er einfach nicht mehr durchdringt. Wegen der vielen Störgeräusche. Aber selbst wenn das so sein sollte: Gott wird nie aufhören, dir Zettel mit seiner Adresse zuzustecken: „Ruf an! Und komm nach Hause."

Wer die Stille meidet,
wird von Gott nichts mitkriegen.
#nachmöglichkeitbittewenden

Icebreaker:

Was tust du, wenn dir langweilig ist?

Impulse zum Weiterdenken:

→ Welche Erfahrungen mit der Stille hast du gemacht?

→ Schon mal einen Tag lang freiwillig geschwiegen und nicht aufs Smartphone geguckt? Würdest du dich trauen, das auszuprobieren?

→ Könntest du dir vorstellen, mal für eine Zeit ins Kloster zu gehen?

Bibelverse zum Beherzigen:

„Sei stille dem Herrn und warte auf ihn." (Psalm 37,7)

„Meine Seele ist stille zu Gott, der mir hilft." (Psalm 62,2)

#20

LASS DICH ENT-TÄUSCHEN

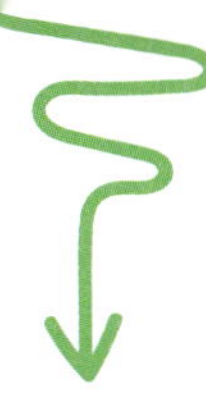

Du hast von Senden auf Empfangen geschaltet. Versuchst, der Stille nicht mehr aus dem Weg zu gehen. Und trotzdem passiert nichts. Einen dritten Hinweis habe ich noch: Gottes Reden einfach nicht mitzukriegen, kann aber auch daran liegen, dass du völlig falsche Erwartungen davon hast: Was du für eine Störung hältst, ist womöglich das Gegenteil.

Du erwartest vielleicht, dass das so ist, als hätte man einen kleinen Mann im Ohr. Der sich mit mir unterhält, so wie bei Don Camillo: „Guiseppe, Guiseppe, was machst du wieder für Sachen ..." Wär ja schön, aber in Wirklichkeit ist das Klischee und völliger Quatsch. Oder du erwartest was Spektakuläres, wenn Gott zu dir spricht. Gottes Stimme ist ja kein dünnes Fistelstimmchen. Es müsste dir in den Ohren dröhnen: Immerhin wird durch Gottes Reden die Welt erschaffen. Ein Wort, und es geschieht: Wenn Gott redet, dann passiert was. Sein Wort ist unüberwindlich und keine unverbindliche Preisempfehlung. Wenn der Papa zu Hause was sagt, dann kriegt er nur ein Kopfnicken und ein „Hmhm, gleich." Anders bei Gott. Tun und Reden sind bei Gott eins. Sein Wort kehrt nicht leer zu ihm zurück. (Jesaja 55,11) Sein Wort teilt das Wasser, stillt den Sturm, weckt die Toten, verändert die Welt, ist keine leise Stimme, die man überhören kann. Könnte man meinen. Ist aber die falsche Erwartung, wenn Gott mit dir redet. Das wird spätestens beim Propheten Elia am Berg Horeb klar (1. Könige 19,1-13): Elia tritt aus der Höhle am Sinai, in der schon Mose Gottes Herrlichkeit an sich vorbeiziehen sah. Und erst als das Gewitter, das Erdbeben und der Feuersturm vorbei sind, hört Elia auf einmal Gottes Stimme. Leise. So leise, dass sie mit der Stille verschmilzt. Und unerwartet: Statt hochfliegender Erklärungen für den Gang der Geschichte, für die Abnahme des Gottvertrauens in Israel, trotz überwältigender Machtdemonstrationen am Berg Karmel hört Elia nur die lapidare Frage: „Was willst du eigentlich hier, Elia?"

Das ist ein bisschen so, als würdest du die fünfte Sinfonie von Beethoven erwarten, mit tosendem Einsatz, und stattdessen: Vogelzwitschern. Was auf den ersten Eindruck vielleicht enttäuschend sein könnte, hat auch eine gewisse Komik. An dieser Szene ist mir etwas über das leise Reden Gottes klar geworden: nämlich wie die hohe Erwartung durch eine tiefe Erfahrung korrigiert wird. Du erwartest einen Donnerschlag, wenn Gott spricht. Aber dann kommt nur ein „Plöpp". Du erwartest eine Antwort auf die Frage nach dem Sinn des Lebens, Erklärungen für die Geheimnisse der Wirklichkeit, wo die Oma jetzt ist, die letztes Jahr gestorben ist, am besten die Lottozahlen für nächsten Samstag oder eine Empfehlung, ob man jetzt griechische Staatsanleihen kaufen soll oder nicht. Die Enttäuschung ist vorprogrammiert mit dieser Erwartungshaltung. Und wenn man sich wirklich trotzdem Anweisungen wie beim Navi erhofft, ist auch Schweigen vielleicht eine Antwort. Etwa so: „Du willst, dass ich sage, was du tun sollst. Aber ich nehm dir dein Leben nicht ab. Du lebst selber. Du bist schon groß und kannst selber entscheiden." Oder es passiert so, dass du ein Bibelwort auf einmal so liest, als wäre es die Antwort, die du suchst: „Er fordert von euch Menschen nur eines: Haltet euch an das Recht, begegnet anderen mit Güte, und lebt in Ehrfurcht vor eurem Gott!" (Micha 6,8)

Wenn Gott mit dir redet,
ist er noch lange kein Orakel.
#störungenhabenvorrang

Icebreaker:

Erzähl doch mal von einer Enttäuschung, die du erlebt hast.

Impulse zum Weiterdenken:

→ Was stimmt an der Erwartung, dass Gott dich durch sein Reden durchs Leben leiten will wie ein Navi, und was nicht?

→ Hast du Störungen, die sich als wichtige Hinweise erwiesen haben, schon mal erlebt?

→ In der Kommunikationsforschung gibt es die Regel: „Störungen haben Vorrang". Weil sie was Wichtiges über die Gesprächssituation sagen. Versucht doch mal, das auf das Gespräch mit Gott anzuwenden!

Bibelvers zum Beherzigen:

„Und nach dem Erdbeben kam ein Feuer; aber der Herr war nicht im Feuer. Und nach dem Feuer kam ein stilles, sanftes Sausen. Als das Elia hörte, verhüllte er sein Antlitz mit seinem Mantel und ging hinaus und trat in den Eingang der Höhle. Und siehe, da kam eine Stimme zu ihm und sprach: Was hast du hier zu tun, Elia?"

(1. Könige 19,12f.)

#21

IN DER BIBEL GOTT SPRECHEN HÖREN

Wenn du lernen willst, wirklich auf Gott zu hören, dann kommst du nicht um die Bibel herum. Denn die Worte der Bibel, das ist doch erst mal „das Wort Gottes". Und das Reden des Heiligen Geistes zu dir hängt damit zusammen: Gott redet mit dir nämlich auch so, dass dir Worte aus der Bibel einfallen. Du wartest auf eine Antwort von Gott, und auf einmal fällt dir ein Bibelwort ein. Oder einer sagt dir einen Bibelvers und dir wird klar: Ich bin gemeint. Dann werden aus den alten Versen persönliche Worte, die an dich gerichtet sind, als wären sie für dich geschrieben. Das ist mit dem Reden Gottes, mit Gottes Wort nämlich auch gemeint: dass aus aufgeschriebenem Wort wieder ausgesprochene Worte werden. Oder aus einer Aufzeichnung wieder eine Live-Schalte. Aus toten Buchstaben wird lebendiger Geist. Aus geschriebenem, fest gewordenem Gotteswort, aus der festen Nahrung, auf der man rumkauen muss, wird ein Powerriegel, aus Trockenpulver wird auf einmal Wasser des Lebens. Beim Propheten Ezechiel gibt es dafür ein bizarres Bild: In seiner Berufungsvision bekommt er eine Schriftrolle zu essen, kaut auf dem alten Pergament rum, und es wird süß wie Honig! (Ezechiel 3,3)

Damit das aber geschieht, musst du mit den Worten der Bibel leben! Damit dir ein Bibelwort einfällt, muss in dir was drin sein, was als Resonanzkörper dient. Was man also ins Schwingen bringen kann. Man muss seinen Geist mit Material füllen, das Gott gebrauchen will und gebrauchen kann. Wenn in deinem Gedächtnis hauptsächlich sämtliche Folgen deiner Lieblingsserie abgespeichert sind, für jede Lebenslage eine Simpsons-Folge, sonst aber nur dein Konfirmationsspruch und das Vaterunser, dann sind Gottes Möglichkeiten erst mal begrenzt. Natürlich kann Gott alles gebrauchen. Meine Erfahrung ist aber, dass die Wahrscheinlichkeit geringer ist, dass du was von Gott mitkriegst.

Das ist überall so, wo also etwas Neues, Schöpferisches entsteht. Wo also einer „kreativ" ist. Da fällt auch nichts einfach vom Himmel, sondern geschieht dadurch, dass Vorhandenes sich neu und überraschend zusammenordnet. Oder wenn etwas, das schon da ist, von außen zum Klingen gebracht wird, also Resonanz entsteht. Dann bist du sozusagen das Instrument, auf dem Gott spielt! Auch Gottes Reden fällt nicht einfach vom Himmel und entsteht nur ausnahmsweise, als hätte jemand was in ein völlig leeres Gefäß gefüllt. Deshalb mache ich dir Mut: Lern wichtige Bibelverse, die dir was bedeuten, auswendig! Schreib sie auf kleine Kärtchen, trag sie in der Jackentasche mit dir rum, und wenn du in der Tasche nach einem Kaugummi fischst, fällt dir der Spruch wieder in die Hände. Kleb dir einen Bibelvers, der dir wichtig geworden ist, an deinen Bildschirm vom PC, oder an die Kühlschranktür. Deshalb gibt es zu jedem Kapitel einen Bibelvers zum Beherzigen, oder wie man früher sagte: zum auswendig lernen. Besser noch: „inwendig". Denn die Worte müssen vom Kopf ins Herz sacken. Trostworte, Worte, die Mut machen, die Gottes Heil für dich in einfache Worte fassen, die Weisheit, Kraft, Frieden und Freude vermitteln. Die sagen, was der Wille Gottes für uns ist. Und dann warte. Und sei offen. Gott wird sie benutzen. Dann finden manchmal deine Lebenssituationen und Gottes Worte einen Weg zueinander. Auf überraschende Weise. Die du nicht vorhergesehen hättest.

Wie man das üben kann, hat Martin Luther mal gezeigt. In einer kleinen Schrift hat er einem guten Freund, einem Sanitäter, mal erklärt, wie man als Otto Normalverbraucher beten und auf Gott hören lernt. Die Übung geht so: Bete einfach das Vaterunser. Mehrmals. In aller Ruhe. Leise, laut. Und achte darauf, bei welcher Bitte oder bei welchem Wort dein Geist hängen bleibt. Wo bei dir was zum Klingen kommt. Wo also Resonanz entsteht. Und da bete dann weiter, mit deinen eigenen Worten. Denn da redet ganz bestimmt der Heilige Geist mit dir.

Gott benutzt am liebsten sein Wort, um mit dir zu reden.

#resonanzkörper

Icebreaker:

Erzähl doch mal von einem überraschenden Einfall, den du hattest!

Impulse zum Weiterdenken:

→ Welche Erfahrungen mit Bibelversen hast du gemacht?

→ Hast du einen Lieblings-Bibelvers?

→ Unterhaltet euch über eure Konfirmations- oder Taufsprüche: Habt ihr die selber ausgesucht, oder hat die jemand extra für euch ausgewählt? Was bedeuten sie euch?

Bibelverse zum Beherzigen:

„Du Menschenkind, gib deinem Bauch zu essen und fülle dein Inneres mit dieser Schriftrolle, die ich dir gebe. Da aß ich sie, und sie war in meinem Munde so süß wie Honig." (Ezechiel 3,3)

„Dein Wort ist meinem Munde süßer als Honig." (Psalm 119,103)

#22

GOTT SPRICHT NICHT VON OBEN HERAB

Gottes Wort kommt nicht von oben herab, unvermittelt vom Himmel gefallen. Sondern von unten. Von innen. So war das schon beim Reden des Heiligen Geistes, wenn Worte der Bibel in dir auf Resonanz stoßen. Das ist die Art und Weise, wie Gott sich offenbart: nie unvermittelt. Sondern indem er die Mittel gebraucht, die wir verstehen. Die Menschen berühren. Die du begreifen kannst, auch handgreiflich. Gott spricht durch menschliche Worte hindurch. Nicht nur durch uralte, sondern auch mit Worten von heute: Zum Beispiel durch das, was dir einer in einer Predigt sagt. Dadurch soll Gott selbst zur Sprache kommen. Eine Predigt ist nämlich kein religiöser Vortrag. Eigentlich soll man ihr so zuhören, als würde Gott selber mit einem reden. (Römer 10,17: „So kommt der Glaube aus der Predigt ...") Nicht, weil der Pastor größenwahnsinnig ist und man ihm nicht widersprechen darf, sondern weil Gott Menschen durch Menschen retten will! (Kapitel 9) Ich kann's gar nicht oft genug sagen.

Manchmal spricht er durch Menschen sogar, ohne dass die das merken oder beabsichtigen. Es kann passieren, dass dir in einer grottenschlechten Predigt, wo einem normalerweise die Füße einschlafen, plötzlich was klar wird oder dich trotzdem was „anspricht". Dann benutzt Gott die mittelmäßige Performance, und es ist egal, ob der Prediger gut drauf ist oder einen schlechten Tag hat. Umgekehrt kann es auch sein, dass bei einer Predigt, die tiefgründig und zugleich witzig ist, wo man am liebsten applaudieren möchte, trotzdem nichts passiert und die Leute sich zwar unterhalten fühlen, aber Gott hat nicht mit ihnen geredet.

Wenn Gott durch die Predigt selber zu Wort kommen will, dann gilt ähnliches auch für die Bibel: Sie ist Gotteswort im Menschenwort. Denn auch die Bibel ist nicht vom Himmel gefallen. Sie ist „Heilige Schrift" nicht an und für sich. Sonst müsste eigentlich jeder, der sie liest, von ihr ergriffen werden. Das wäre ein magisches Verständnis von Gottes Wort, das wirkt wie ein Zauberspruch. Das bedeutet aber nicht, dass die Bibel ein Buch wie jedes andere wäre. Sie ist trotzdem unersetzlich. Sie ist das „erste Programm", auf dem Gott sendet. Sie ist der Maßstab. Alles, was man sonst über Gott liest oder hört, muss sich daran messen lassen.

Was mit ihr nicht in Einklang zu bringen ist, ist nicht neu oder originell, sondern falsch. Denn hier und nirgends sonst „offenbart" Gott sich. Lässt sich also ins Herz sehen. Für diese Öffnung braucht es aber Offenheit auf beiden Seiten: Der Heilige Geist muss auf Seiten des Empfängers wirken, nicht bloß die Bibel „inspiriert" sein, ihre Worte also mit dem Heiligen Geist in Verbindung stehen. Erst wenn beides zusammen findet, spricht Gott selber durch die Worte der Heiligen Schrift. Sonst bleibt die Bibel ein altes Buch. Das bedeutet also: Du musst die Bibel lesen lernen. Dazu gebe ich dir im nächsten Kapitel ein paar Hinweise.

Die Bibel ist der Maßstab für alles, was Gott zu sagen hat.
#immeraufaugenhöhe

Icebreaker:

Erzählt euch doch
mal von eurem schönsten und
vom schlimmsten Erlebnis
bei einer Predigt!

Impulse zum Weiterdenken:

→ Spricht Gott auch außerhalb der Bibel und ohne christliche Gemeinde, einfach so? Und wie ließe sich das prüfen?

→ Welche Erfahrungen hast du mit Predigten gemacht, die dich verändert haben?

→ Was ist dir an der Heiligen Schrift „heilig“? Wie gehst du mit ihr um?

Bibelvers zum Beherzigen:

„Denn es ist das Wort ganz nahe bei dir,
in deinem Munde und in deinem Herzen,
dass du es tust.“

(Deuteronomium 30,14)

#23

WER LIEST HIER EIGENTLICH WEN?

Wer lesen kann, ist klar im Vorteil. Man kann die Bibel zwar einfach runter schmökern. Aber das schaffen die Wenigsten. Man muss zwar kein Theologe sein, um die Bibel zu verstehen. Aber du musst auf das hören wollen, was sie selber sagen will. Denn wozu ist die Bibel eigentlich geschrieben? Doch weil sie dir etwas „mitteilen" will. Und auf diese Weise will Gott in Beziehung zu dir treten: Das ist die Absicht der Bibel, und die gilt auch heute noch.

Deshalb kannst du die Bibel mit der Erwartung lesen, dass darin eine Botschaft von Gott an dich steckt. Obwohl die Bibeltexte zu einer Zeit geschrieben wurden, als es dich noch gar nicht gab. Nach der Message für dich zu suchen, kann zum Beispiel bedeuten, die Bibel als langen Brief Gottes an dich zu lesen. Sie auf dich zu beziehen. Das könnte konkret so aussehen: Wenn du verstanden hast, was der Bibeltext sagt (dazu muss man manchmal wirklich in ein Bibellexikon schauen und ein bisschen was über die historischen Hintergründe wissen), fragst du danach, welcher ermutigende Zuspruch für dich persönlich in den Worten steckt. Und genauso danach, welcher „Anspruch" dir darin begegnet. Und in beidem, was Gott dir heute durch diesen Text sagen möchte. Das geht nicht ohne Gebet, also in konkretem Austausch mit Gott. Diese Grundhaltung ist wieder verwandt mit diesem Perspektivenwechsel, ob Gott in deinem Leben eine Rolle spielt – oder du in seinem (siehe Kapitel 6). Das heißt: Es geht nicht bloß darum, ob du die Bibel richtig verstehst oder interpretierst, sondern ob sie anfängt, dich „auszulegen" und du dich verstanden fühlst und merkst: Ich bin angesprochen. Und zwar nicht von einem Autor, sondern von Gott selber! Der amerikanische Autor Mark Twain hat mal gesagt: „Mir machen nicht die Bibelverse Schwierigkeiten, die ich nicht verstehe, sondern die, die ich verstehe!" Weil sie ihn nämlich in Frage stellen. Nicht er befragt die Bibel, sondern die Bibel ihn!

Natürlich kann man die Bibel auch anders lesen: Man kann sie hochgebildet als ein Stück Weltliteratur lesen und ihr dann Schulnoten geben. Man kann fragen, ob alles historisch korrekt wiedergegeben ist. Man kann sie lesen wie ein Fantasybuch und die Gewaltszenen am spannendsten finden, wo es richtig zur Sache geht und die Bösen ordentlich auf die Mütze kriegen. Aber ich glaube, dann verfehlt man die Absicht Gottes total. Die Erwartung, in der Bibel von Gott selber angesprochen zu werden ist kein Filter, sondern ent-

spricht der Absicht, mit der die Schriften der Bibel selbst zusammengestellt wurden. Beim Lesen der Bibel findest du auch Kriterien dafür, was in der Bibel wichtiger und was weniger zentral ist. Nicht die spannenden Stellen sind das Entscheidende, oder die Regeln und Gesetze. Nicht „etwas", sondern „jemand". Martin Luther hat dieses innere Kriterium der Bibel so formuliert, dass sie dir Christus als Gottes „endgültiges Wort" an uns nahebringen will. Mit einem Wort oder einer Antwort kann nämlich auch nicht nur ein Satz, sondern auch ein Mensch gemeint sein:
„Du bist die Antwort auf meine Sehnsucht nach Nähe" zum Beispiel. Denn eigentlich ist Jesus selber das „Wort" (der logos auf Griechisch), das Gott uns die ganze Zeit sagen will (z.B. in Johannes 1,14 oder Hebräer 1,1f.). Eigentlich geht es beim Lesen der Bibel also nicht darum, „etwas" zu erfahren. Sondern jemanden kennenzulernen: Und damit Gott ins Herz sehen zu können. Denn wenn Gott sich ganz und gar für dich öffnet, dann begegnet dir Jesus Christus. Hier offenbart Gott sich ganz und gar. Und wieder passiert dasselbe wie in der Predigt und beim Lesen der Bibel: Dir begegnet ein Schatz in zerbrechlicher Gestalt (2. Korinther 4,7), Gottes Wort in menschlicher Gestalt: „Das Wort ward Fleisch und wohnte unter uns." (Johannes 1,14)

Das Gleiche gilt auch für Jesus. Er ist voll und ganz Mensch. Und nicht Halbgott wie bei den Griechen, also halb Mensch, halb Gott mit Superkräften. In Jesus begegnet dir Gott selber: auch nicht bloß die Schokoladenseite von ihm. Sondern so, wie er wirklich ist. „Wahrer Mensch und wahrer Gott", haben die Kirchenväter diese grundlegende Erkenntnis genannt. Er ist beides ganz und nicht bloß fifty-fifty. Genau dieselbe Logik gilt auch für die Bibel: Sie ist Gotteswort im Menschenwort. Das ist dasselbe Prinzip, das unmittelbar mit dem Wirken des Heiligen Geistes zusammenhängt. Das ist im Grunde alles eine Variation der Inkarnation. Also der Menschwerdung Gottes. So kommt Gott zur Welt. Indem er sich klein und begreifbar macht. Indem er sich an Menschen bindet. Und darin verletzlich ist. Aber genau deshalb kann er zurück geliebt werden. Denn das ist sein Ziel: Uns zu sich hin zu lieben. Dazu dient die Bibel. Als Liebesbrief.

Die Bibel versteht dich. Denn in ihr erfährst du nicht etwas, sondern du begegnest jemandem: Jesus.
#themessageislove

Icebreaker:

Macht doch mal eine Erzählrunde: Was ist für dich die brutalste, die romantischste, die abgedrehteste Stelle in der Bibel?

Impulse zum Weiterdenken:

→ Wie gehst du mit den blutrünstigen Stellen in der Bibel um?

→ Was bedeutet das Alte Testament für dich?

→ Ist das Alte Testament abgewertet, wenn das wichtigste Kriterium in der Bibel ist, Christus kennenzulernen?

→ Hast du die Erfahrung von Mark Twain auch schon mal gemacht: dass du genau verstehst, was die Bibel von dir will, aber du dich davor drückst?

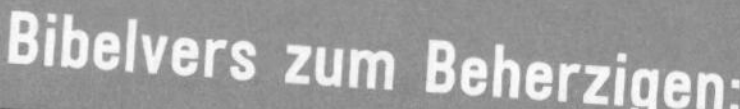

Bibelvers zum Beherzigen:

„Und das Wort ward Fleisch und wohnte unter uns, und wir sahen seine Herrlichkeit, eine Herrlichkeit als des eingeborenen Sohnes vom Vater, voller Gnade und Wahrheit.“

(Johannes 1,14)

#24

GOTT REDEN HÖREN: TROST UND ERMUTIGUNG

So. Du hast Gottes Geschichte kennengelernt. Und du teilst deine Geschichte mit ihm. Du lebst mit der Bibel, statt sie bloß als Bestätigung für deine Meinung auszubeuten. Und so hat sich dein Denken langsam auf die Wellenlänge Gottes eingestellt. Das ist zwar alles keine Bedingung, aber doch hilfreich, wenn du darauf wartest, dass der Heilige Geist auch in deinen Gedanken spricht: „Der Geist selbst gibt Zeugnis unserm Geist, dass wir Gottes Kinder sind", sagt Paulus. (Römer 8,16) Das heißt: Gottes Gedanken in deinen Gedanken. Ich finde das nicht komisch, denn woher weiß ich eigentlich, dass meine Gedanken von mir kommen? Klar, ich bin das selber, der denkt. Man sollte das Denken nicht anderen überlassen. Aber das ist kein Widerspruch. Mir ist das jedenfalls manchmal nicht so klar, woher ein Gedanke kommt, der mir „einfällt". Das ist wie in meinen Träumen. Auch da ist ein Einfallstor für das leise Reden Gottes. Nicht in jedem Traum. Aber in mehr, als du vielleicht erwartest. Wenn Gott jedoch so mit dir redet, dann widerspricht er sich nicht. Was er ein für alle Mal gesagt hat, in der Bibel, das ist die Blaupause für alles, was du sonst von ihm hören wirst. So lernst du es auch zu unterscheiden, was an Eingebungen und Gedanken bloß Einbildung oder Wunschdenken ist und was wirklich von Gott kommt. Es gibt nämlich bestimmte Muster, wie Gott mit Menschen spricht. Für alle gibt es biblische Beispiele. Diese Muster möchte ich dir vorstellen.

Das erste Muster ist eine tröstende oder ermutigende Bestätigung, gerade dann, wenn du unsicher bist und dich kaum noch einen Schritt nach vorne traust. So wie bei Josua: Der schaute mit Stress im Blick vom Hügel in der Wüste runter in die grüne, fruchtbare Jordansenke. Nach vierzig Jahren Irrfahrt. Da liegt es, das sogenannte „gelobte Land". Im Dunst am Horizont konnte man die Mauern von Jericho sehen. Aber Josua sah nicht das Versprechen, das Gott gehalten hatte, und die Möglichkeiten, die sich dem Volk Israel boten, sondern die Probleme, die auf sie zukamen: „Wie soll das bloß klappen?" Für ihn war das gerade kein gelobtes, sondern ein gefürchtetes Land. Mit Riesen, die da wohnen sollten. Und mit Riesenproblemen und Riesengefahren. „Da sollen wir einziehen? Da wohnen doch schon welche!" Und als hätte Gott seine Gedanken gelesen und die Angst bemerkt, hörte Josua: „Halte dich mutig und entschlossen an das ganze Gesetz, das dir mein Diener Mose gegeben hat. Weiche kein Stück davon ab!" (vergleiche Josua 1,7) Vielleicht hat er auch nur die beiden Worte

„mutig und entschlossen“ gehört. Und daraus hat sich in ihm dieser Satz geformt. Auf jeden Fall spürte Josua wieder die Verbindung. Zu Mose, der ihm fehlte. Und zu Gott. Er wusste, dass er, der kleine Nachfolger, selber auf der Schulter von Riesen saß und deshalb weiter gucken konnte. Und den sogenannten „Riesen“ auf Augenhöhe begegnen konnte. Vielleicht hast du ähnliches schon mal erlebt. Die Gewissheit, als ob Gott dir in einem Zeichen oder auch in einem einzigen Wort, das dir in den Sinn kommt, sagt: „Ich halte dich.“ Oder das einfache Wort „Ich bin da“ macht dir Mut, wenn du plötzlich einen Regenbogen siehst und dich vorher wirklich gefühlt hast wie mitten in der Sintflut, aber ohne Arche. Wenn du den kleinen Schubs bekommst, den du brauchst, um den Sprung zu wagen. Das ist manchmal kein Wort, aber eine deutliche Ahnung. Eine überraschende innere Ruhe mitten im Sturm.

Gott spricht. Mit dir. Und in der Bibel begegnest du Menschen, die dir sagen, wie.
#bindakeinepanik

Icebreaker:

Träumst du? Hast du einen Traum, den du schon mehrmals geträumt hast?

Impulse zum Weiterdenken:

→ Hast du im Leben schon mal erlebt, dass Gott dich direkt getröstet oder ermutigt hat?

→ Fallen dir noch mehr Mutmach-Geschichten aus der Bibel ein, die als Blaupause für dein eigenes Erleben dienen könnten?

Bibelvers zum Beherzigen:

Denn ich will dich nicht verlassen, bis ich alles tue, was ich dir zugesagt habe."

(Mutwort an Jakob in Genesis 28,15)

#25

GOTT REDEN HÖREN: WENN GOTT BREMST ODER SCHUBST

Gott schenkt dir inneren Frieden mitten im Chaos. Manchmal aber auch umgekehrt eine Unruhe mitten in der Alltagsroutine, die dich zurückhält. Das gehört zur nächsten Gattung von „Gottesworten“: zu den Ermahnungen. Wenn der Heilige Geist in deinem Leben auf der Bremse steht. Wenn Gott dir keinen kleinen Schubs gibt, sondern dich zurückhält. Ich meine mit der Ermahnung nicht den erhobenen Zeigefinger, wenn dein schlechtes Gewissen dich plagt. Klar: Gerade das schlechte Gewissen ist eine Erfindung Gottes; sehr heilsam, wenn's funktioniert. Das kann aber genauso auch dein innerer Kontrolleur sein. Nicht jedes innere Verbotsschild hat Gott aufgestellt. Ich meine die innere Unruhe in dir, die Unzufriedenheit, die trotz aller angestrengten Wunscherfüllung zunimmt, je weiter du vom Weg abkommst, den du eigentlich gehen sollst oder gehen wolltest.

Da klingt Gottes Stimme manchmal wie ein leises: „Halt doch mal an“ oder „Genug jetzt“. Oder wie ein lauter Tinnitus, oder ein Bandscheibenvorfall mit angeschlossenem Heilandsruf: „Kommt her zu mir, alle, die ihr mühselig und beladen seid; ich will euch erquicken.“ (Matthäus 11,28) In der Bibel gibt's dafür genug Beispiele: Etwa bei Saulus, dem frommen Pharisäer, der alles richtig machen will und auf einmal nur noch Sternchen sieht. Es haut ihn vom Pferd, und er hört Jesus sagen: „Saul, sag mal, warum verfolgst du mich eigentlich?“ (vergleiche Apostelgeschichte 9,4) Das kann manchmal so wirken, als ob Gott sich dir in den Weg stellt und du das Gefühl hast, du kommst um ein Hindernis nicht herum. Du versuchst auszuweichen und den Weg des geringsten Widerstandes zu gehen, aber das Hindernis bewegt sich mit! Das erzählen viele, die eine echte Lebenswende in ihrer Glaubensgeschichte erlebt haben. Bevor dir Jesus als Retter begegnet, kommt er dir oft als Spielverderber oder Stolperstein entgegen. In der Apostelgeschichte erzählt Lukas davon, dass die Missionare Paulus und Silas auf ihrer Reise durch die Türkei immer wieder auf Widerstand stießen und streckenweise überhaupt keinen Erfolg hatten. Da steht dann: „Sie zogen aber durch Phrygien und das Land Galatien, da ihnen vom Heiligen Geist verwehrt wurde, das Wort zu predigen in der Provinz Asia.“ (Apostelgeschichte 16,6) Und das nur deshalb, weil wenig später ein Traum eine ganz andere Richtung zeigte. Wenn du in solcher Unruhe träumst, dann achte auf das, was sie sagen wollen.

Das dritte Muster ist Gottes Aufforderung zum Handeln. Wenn du dich irgendwie getrieben fühlst, es dich geradezu zieht, du kriegst etwas nicht aus dem Kopf: einem Menschen zu helfen, jemanden anzurufen und zu fragen, wie es ihm geht, deinem Herzen zu folgen, einen Überweisungsträger auszufüllen, was zu spenden, nicht wieder wegzuschauen, sondern endlich die Zähne auseinanderzukriegen, dich einzumischen, nicht mehr gute Miene zum bösen Spiel zu machen. Oder einen mutigen Glaubensschritt zu gehen, eine neue Aufgabe anzunehmen. Eine Berufung zu empfangen. So wie bei Petrus (Apostelgeschichte 10): Für einen Juden, der seinen Glauben mit den ganzen Essensregeln halbwegs ernst nimmt, gibt es nichts Furchtbareres, als Frösche zu essen. Und dabei mit Heiden am Tisch zu sitzen! Aber eines Nachts träumt Petrus genau das: Ein riesiger Teller mit Geglibber und die Aufforderung: „Hau rein, lass es dir schmecken." Mit Ekel wacht Petrus auf und weiß nach einer Wiederholung: Gott will, dass ich irgendeine für mich unüberwindliche Grenze überschreite. Es geht um die Geschichte, wo Petrus dem römischen Hauptmann Cornelius als einen der ersten Heidenchristen taufen soll. Und das Ghetto der Zugehörigkeit zum Volk Israel aufstoßen soll. Also absolutes Neuland betreten. Das muss kein Appell zu großartigen Heldentaten sein, nach dem Motto: „Kevin, geh in die Mission, am besten nach Papua-Neuguinea. Dein Luftfeuchtigkeits-Asthma diene dir als zusätzlicher Ansporn zur Selbstverleugnung." Sondern einfach nur eine freundliche Einladung, auf die leise Platzanweisung Gottes zu achten.

**Wenn du auf Autopilot läufst, bremst Gott dich.
Aber manchmal spürst du seinen Schubs.**

#gasundbremse

Icebreaker:

Hat sich ein Hindernis oder ein Missgeschick mal als „glückliche Fügung“ bei dir erwiesen?

Impulse zum Weiterdenken:

→ Was brauchst du im Moment eher: Schubs oder Bremse?

→ Hast du Gottes „Wink“ mal als Gegenteil von dem erlebt, was du von ihm erwartet hast?

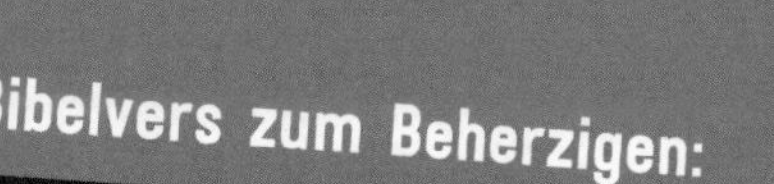

Bibelvers zum Beherzigen:

„Kommt her zu mir, alle, die ihr mühselig und beladen seid; ich will euch erquicken. Nehmt auf euch mein Joch und lernt von mir; denn ich bin sanftmütig und von Herzen demütig; so werdet ihr Ruhe finden für eure Seelen.“

(Der „Heilandsruf“ in Matthäus 11,28f.)

#26

GOTT REDEN HÖREN: WAHN ODER WIRKLICHKEIT?

Wer meint, überall Zeichen und geheime Hinweise zu finden, ist normalerweise nicht ganz dicht. Oder besessen von irgendeiner abstrusen Verschwörungstheorie: dass der CIA die Mondlandung nur gefakt hat oder so. Oder er ist einfach total verknallt und bezieht alles auf sich. Und muss alles als Zeichen deuten, dass die Angebetete ihn auch liebt.

Wer jetzt lernen will, wie Gott mit einem redet, wird von dieser Art von Selbstbezogenheit kuriert. Die vierte Art und Weise, wie Gott mit dir spricht, sagt nämlich: „Nimm dich nicht so wichtig. Das tue ich schon." Sie besteht nicht in der Bestätigung deines selbstbezogenen Egos, sondern in der leisen Aufforderung zum Dienen. Die tröstende Bestätigung Gottes bedeutet ja auch nicht, dass Gott vor allem für deine seelischen Streicheleinheiten zuständig ist. Und du konsequent weghörst, wenn er von dir mal was will. Genauso gibt's von Gott nicht nur die Hinweisschilder für gute Taten oder herausragende Berufungen. Sondern genauso oft den lapidaren Hinweis, zufrieden und bescheiden zu sein. Bestätigung und Ermahnung gehen oft sogar Hand in Hand. Das ist übrigens ein deutlicher Hinweis darauf, dass du es mit Gottes Reden zu tun hast und nicht mit deinem Wunschdenken oder deiner inneren Stimme, die bloß das Echo von mangelndem Selbstwertgefühl ist. Und je nachdem, wer gerade spricht, bist du entweder Superman oder Nichtsnutz. Bei Gott kommt zum Trost immer auch Wegweisung, mitunter auch mal korrigierende. Gottes Bestätigung ist also keine Bauchpinselei. Aber es gibt keine Weisung Gottes, die nicht auch etwas sehr Tröstendes und Befreiendes hat! Trost ist bei Gott also immer mit Weisung verbunden, Ermahnung mit Ermutigung, Liebe mit Wahrheit.

Hier, in diesem gegenseitigen Verweis von Trost und Weisung, liegt übrigens schon ein wichtiges Kriterium dafür, das Reden des Heiligen Geistes von allen anderen Stimmen unterscheiden zu können; dafür, Wahn und Wirklichkeit auseinanderhalten zu können, wenn es um Gottes Worte geht. Solche Kriterien sind überlebenswichtig für deinen Glauben, denn das kann schließlich jeder behaupten, dass Gott mit ihm geredet hätte! Und er deshalb über aller Kritik stünde. Oder noch schlimmer: dass er im vorgeblich göttlichen Auftrag irgendwas unsagbar Furchtbares tun soll. Abschreckende Beispiele dafür gibt's genug.

Auf Gott zu hören, ist nicht total durchgeknallt und knipst deinen Verstand aus. Diesem Vorurteil begegnest du heutzutage überall: Alles Einbildung, alles ist möglich und völlig beliebig. Zwischen abstrusen Wiedergeburtsphantasien nach dem Muster „Ich war im früheren Leben mal König Alfons der viertelvorzwölfte" und einem Glauben, der Gründe nennen kann und sich selber zu verstehen versucht, wird nicht mehr unterschieden. Aber lass dir nicht vorschreiben, dass Wirklichkeit ein Zustand sein soll, der sich erst bei Glaubensmangel einstellt. Das wäre fast so absurd, wie das berühmte Wort des irischen Schriftstellers James Joyce: „Wirklichkeit ist ein Zustand, der nur durch Mangel an Alkohol zustande kommt." Es gibt nämlich Kriterien, wie man das Reden Gottes von allen anderen Stimmen, die sich in dir zu Wort melden, unterscheiden kann. Das gehört zum Glauben notwendig dazu, das zu können. Weil schon die Menschen im Alten Testament genau wie die ersten Christen unterscheiden mussten, was von Gott kommt und was nicht. Zum Beispiel, ob ein Prophet einfach nur seinem Wunschdenken folgt oder sagt, was die Leute hören wollten.

Beim Propheten Jeremia zum Beispiel. Der musste sich ständig mit selbsternannten Propheten rumärgern, die ihm ins Wort fielen und genau das Gegenteil von dem, was er den Leuten sagte, als eins a Original-Gotteswort verkauften: „Sie sagen denen, die des Herrn Wort verachten: Es wird euch wohlgehen –, und allen, die im Starrsinn ihres Herzens wandeln, sagen sie: Es wird kein Unheil über euch kommen. ... Ein Prophet, der Träume hat, der erzähle Träume; wer aber mein Wort hat, der predige mein Wort recht. Wie reimen sich Stroh und Weizen zusammen?, spricht der Herr." (Jeremia 23,17 und 28; lies dazu noch mal in #gottesgeschichte, Kapitel Nr. 43)

Paulus fordert die Gemeinden dazu auf, die Geister zu unterscheiden. Das ist sogar eine wichtige Gabe des Heiligen Geistes, ohne die in einer charismatischen Gemeinde alles drunter und drüber geht. (1. Korinther 12,10) „Prüft aber alles und das Gute behaltet", rät er den Christen in Thessaloniki. (1.Thessalonicher 5,21) Nichts, auch kein sogenanntes Gotteswort ungeprüft übernehmen! Zum gesunden Glauben gehört offenbar eine gesunde Skepsis, die sich ein Urteil zutraut und nicht rumeiert, je nachdem, wer dir wieder was einflüstert.

Kein Trost ohne Weisung. Und umgekehrt:
Ein gutes Kriterium gegen die Einbildung.
#aufgotthörenistrealistisch

Johannes mahnt: „Glaubt nicht einem jeden Geist, sondern prüft die Geister, ob sie von Gott sind; denn viele falsche Propheten sind hinausgegangen in die Welt." (1. Johannes 4,1) Damals waren Vorstellungen von Jesus in den Gemeinden im Umlauf, die ein völlig falsches Bild von ihm zeichneten. Die konnten einen echt auf den Holzweg bringen.

Icebreaker:

Erzählt euch vom krassesten Verschwörungsvideo auf YouTube oder der bescheuertsten Mystery-Doku auf N24!

Impulse zum Weiterdenken:

- → **Was machst du, wenn in deiner Gemeinde eine Person dir erzählt, sie bekomme direkte Prophetien vom Heiligen Geist?**
- → **Und was, wenn eine Person in deiner Gemeinde wegen ihres Verhaltens verflucht oder ausgestoßen wird?**

Bibelvers zum Beherzigen:

„Den Geist löscht nicht aus. Prophetische Rede verachtet nicht. Prüft aber alles und das Gute behaltet. Meidet das Böse in jeder Gestalt."

(1. Thessalonicher 5,19ff.)

#27

DIE GEISTER UNTER-SCHEIDEN LERNEN

Machen wir doch mal die Probe aufs Exempel. Werden wir konkret: Wie kannst du prüfen, was wirklich von Gott kommt oder was aus deiner Angst oder deinem Wunschdenken entspringt oder dessen Quelle schlicht der Verwirrer ist, also der Diabolos (das ist die Übersetzung aus dem Griechischen), der sich ins Fäustchen lacht, wenn man ihm glaubt und sich durcheinanderbringen lässt? Ich habe da fünf Kriterien.[2] Erhebe aber keinen Anspruch auf Vollständigkeit.

Erstens: Wenn du wissen willst, ob eine Eingebung wirklich von Gott ist, dann frag ihn doch. Bleib mit ihm im Gespräch. Gott zu folgen und auf ihn zu hören, geht sowieso nur in regelmäßigem Beten. Frag ihn: „Gott, stammt die Botschaft wirklich von dir?" Und frag dich: Passt das zu dem, wie ich Gott kennengelernt habe? Je besser du Gott schon kennst, desto eher erkennst du ihn auch in seinen Worten.

Das zweite Kriterium ist deshalb: Passt das zu dem, wie Gott in der Bibel beschrieben wird? Ich habe euch davon schon erzählt, wie Bibelverse und Gottes Flüstern sich nicht widersprechen, sondern gegenseitig auslegen. Deshalb das ganze Auswendiglernen. Was du von Gott hörst, wird definitiv nicht dem widersprechen, was in der Heiligen Schrift steht und wie Gott sich dort offenbart hat. Vielmehr ist das die Grundlage. Und Jesus selbst ist wiederum das Kriterium dafür, was in der Bibel zentral wichtig ist. Das muss jetzt nicht unbedingt bedeuten, dass du erst die Bibel rauf- und runterzitieren können musst, um überhaupt irgendwas zu merken. Sondern dass du mit anderen darüber reden solltest. Du weißt: Die Bibel ist kein Glaubenslexikon, das immer eindeutige und einfache Antworten gibt und in dem man nur nachschlagen muss. Sie ist ein Buch, das man auch zusammen lesen muss. Und erst, wenn auch andere und deine Gemeinde im Zweifelsfall zum selben Urteil kommen, ist da was dran und du bildest dir nichts ein. Das ist schon das dritte Kriterium: Was sagen erfahrene Christen dazu?

Übrigens braucht man auch gesunden Menschenverstand, um zu erkennen, was von Gott kommt und was nicht. Das ist das vierte Kriterium. In Lebensbereichen, wo man emotional sowieso schon ganz tief drin ist, wo man selber dazu neigt, eine bekloppte Entscheidung zu treffen, wenn einer zum

[2] In Bill Hybels „Gottes leise Stimme hören" (Asslar 2011) habe ich viele Anregungen dafür bekommen.

Beispiel von Gott wissen will, ob das Mädchen aus dem Online-Chat das richtige ist, geht Gott nach meiner Erfahrung nicht über den gesunden Menschenverstand hinweg. Und flüstert: „Trau dich. Geh das Risiko ein." Gott geht auch nicht darüber hinweg, was zu dir passt oder nicht. Das fünfte Kriterium ist also eine Typfrage. Gott macht aus einer trüben Tasse keine Alleinunterhalterin und umgekehrt aus einem menschlichen Bulldozer keinen netten Knuddelbären. Auch nicht, wenn der Heilige Geist dazukommt. Es ist also hilfreich, wenn du dich auch selber gut genug kennst. Um Gottes Eingebung nicht mit deinem inneren Selbstgespräch zu verwechseln. Dann merkst du auch, wo es deine Schwächen sind, die sich in deinem Innern melden und flüstern: „Komm, merkt doch keiner. Du willst es doch auch. Machen doch alle. Komm, lass fünfe gerade sein." Oder aber sie flüstern das Gegenteil und machen dir ein schlechtes Gewissen, an dem Gottes Liebe und seine Gnade immer wieder abperlt: "Der liebe Gott sieht alles! Pass auf, kleine Hand, was du tust" und so weiter.

Das sind Stimmen, die psychologisch eher das Spiegelbild deiner Wünsche oder dein innerer Schweinehund sind, die eigene Selbstverliebtheit oder umgekehrt die strengen Eltern. Wer aber Gott wirklich kennt, ist den Gottesbildern nicht so ausgeliefert, die man sich selber immer zusammenzimmert oder die andere einem einpflanzen.

Bleib mit Gott im Gespräch. Hör auf die Bibel. Frag die anderen. Knips deinen Verstand nicht aus. Mach dir nichts vor.

#nüchternbleiben

Icebreaker:

Macht doch mal eine Erzählrunde: Was ist für dich die brutalste, die romantischste, die abgedrehteste Stelle in der Bibel?

Impulse zum Weiterdenken:

→ Hast du deine Lebenspläne mal mit Gott besprochen?

→ Was glaubst du: Sind deine Ziele in Gottes Augen zu groß oder zu klein?

→ Was unterscheidet die Partnersuche per Dating-App davon, eine Wahrsagerin zu fragen oder Gott um ein Zeichen zu bitten?

Bibelvers zum Beherzigen:

„Erforsche mich, Gott, und erkenne mein Herz;
prüfe mich und erkenne, wie ich's meine.
Und sieh, ob ich auf bösem Wege bin,
und leite mich auf ewigem Wege."
(Psalm 139,23f.)

#28 INNERE FÜHRUNG

Man könnte ja meinen, dass einer, mit dem Gott ständig redet, irgendwann die Weisheit mit Löffeln gefressen hat. Und den anderen meilenweit voraus ist. Und das auch raushängen lässt. Aber wenn Gott mit dir spricht, dann ist es kein Kriterium, dass du hinterher schlauer bist oder besser. Wenn Gott dich führt, heißt das nicht, dass alles glatt geht. Du hast auch bei einer ständigen Verbindung mit Gott keine Garantie für die grüne Welle auf allen Straßen des Lebens. Als wäre dann jede Entscheidung mit ihm abgestimmt, du liegst immer richtig, der Segen weicht dir nicht von der Seite wie dein Schatten. Wenn das sogar das heimliche Ziel ist, warum du mit Gott redest und versuchst, auf ihn zu hören, dann stimmt was nicht. Denn Gottes Reden ist nicht dazu da, dir einen Vorsprung vor anderen zu verschaffen oder dein Ego aufzupumpen. Viel von dem, was auch im christlichen Bereich von Begabung durch den Heiligen Geist und Berufung geredet wird, ist nur fromm getarnter Egotrip, wenn man mal die Luft rauslässt. Das liegt absolut im Trend: sich selbst zu optimieren und sich vom Durschnitt abzuheben. Wenn dann von der Berufung Gottes gesprochen wird, dann fühlt man sich als was ganz Besonderes, und dann ist es nur noch ein Schritt, bis man völlig besoffen von sich selber ist. Und um sich selber kreist. Aber das ist das Gegenteil von dem, was passiert, wenn Gott dich mitnimmt und leitet. Dann geht es nämlich nicht mehr um deinen Bauchnabel. Zur Berufung Gottes gehört nämlich, dass man sich hinterher nicht mehr so wichtig nimmt. Ich bin mir ziemlich sicher, dass Gott einen viel eher dazu drängt, ein bisschen wie er zu sein: wie Jesus. Und nicht wie King Lui. Das ist das fünfte Kriterium, mit dem du unterscheiden kannst, was wirklich von Gott kommt. Gott bittet dich eher, zu dienen statt zu herrschen oder in der ersten Reihe zu sitzen. (Markus 10,43-45) Selbst dann, wenn du in einer Leitungsaufgabe deine Berufung erkannt hast. Er bittet dich, nicht auf deinem Recht zu pochen. Die andere Backe hinzuhalten. (Matthäus 5,41) Gott macht dich durch seine innere Führung nicht immer stärker, klüger, weiser, toller, begabter, mutiger, je näher du ihm kommst. Im Gegenteil: Du wirst womöglich bedürftiger, angewiesener auf ihn und auf andere Menschen, demütiger, geduldiger.

So wie bei Paulus: Der konnte es kaum noch aushalten: die ständigen Anfälle. Die ihn für Tage außer Gefecht setzten. Die so peinlich waren, wenn man plötzlich die Augen verdreht, anfängt zu zucken und umkippt und hinterher nicht mehr weiß, was war. Diese Schwäche, die ihn scheinbar von seiner Berufung abhielt. Ohne die er doch viel erfolgreicher und überzeugender wäre! Aber trotz aller Gebete bekam Paulus die Antwort vom Heiligen Geist:

„Lass dir an meiner Gnade genügen. Denn meine Kraft ist in der Schwachheit mächtig." (2. Korinther 12,9) Auch hier geht's wieder nicht um Heldentaten der Selbstverleugnung und Kreuzesnachfolge. Sondern um die kleinen Schritte des Gehorsams. „Die großen Gelegenheiten, Gott zu dienen, sind selten. Die kleinen aber kommen immerzu." (Franz von Sales)

**Du wirst nicht umso größer,
je näher du Gott kommst. Du wirst wie Jesus.
#kraftinderschwäche**

Icebreaker:

Ohne Angeberei oder gefakte Demut: Wo glaubst du, liegen deine echten Schwächen, die dir das Leben schwer machen?

Impulse zum Weiterdenken:

- → Sag es deinem Nachbarn: Womit, glaubst du, hat Gott ihn oder sie gesegnet?
- → Welche „Botschaft" könntest du hören, wenn du deine eigenen Schwächen ansiehst?

Bibelvers zum Beherzigen:

Paulus schreibt: „Und damit ich mich wegen der hohen Offenbarungen nicht überhebe, ist mir gegeben ein Pfahl ins Fleisch, nämlich des Satans Engel, der mich mit Fäusten schlagen soll, damit ich mich nicht überhebe. Seinetwegen habe ich dreimal zum Herrn gefleht, dass er von mir weiche. Und er hat zu mir gesagt: Lass dir an meiner Gnade genügen; denn meine Kraft vollendet sich in der Schwachheit."
(2. Korinther 12,7ff.)

#29

GOTT GANZ NAHE KOMMEN. IM ABENDMAHL.

Gott ist da. Gegenwärtig. Nicht weit weg oder erst dann erkennbar, wenn du die Schnitzeljagd der versteckten Zeichen entschlüsselt hast. Oder dir einer die Lösung des Suchspiels verraten hat. Und doch kann man an ihm vorbeirennen und ihn an der falschen Stelle suchen: im Übersinnlichen und im Überirdischen, oder in der Übermacht. Als würde man Gott da finden, wo man überwältigt wird. Dabei nimmt Gott genau den entgegengesetzten Weg, um Kontakt aufzunehmen. In den vorangegangenen Kapiteln ist dir vielleicht aufgefallen, dass eine Grundbewegung immer wieder auftaucht, wie Gott dir nahe kommen will: Er kommt nicht von oben herab. Er macht nicht *dich* klein, sondern *sich*. Wenn Gott wirklich Kontakt zu uns sucht, dann tut er das dadurch, dass er sich so tief hinunterbeugt, wie es nur geht, damit auch das kleinste Kind noch drankommt. Zum Beispiel, indem er „zur Welt kommt" – im wahrsten Sinne des Wortes, nämlich als wehrloses Baby, das in eine Krippe gelegt wird. Wenn Gott menschliche Gestalt annimmt, dann ohne Superkräfte. Die Wunder von Jesus sind keine Heldentaten, sondern das vorweggenommene Reich Gottes. Keine Magie, die einen Schauer auslöst. Das andere Beispiel ist das, was am Kreuz passiert ist: Den Konflikt zwischen Gott und Mensch, also die Sünde, löst Gott nicht durch Gewalt oder Geschick, sondern indem er sich wehrlos macht und sich der menschlichen Schuld ausliefert. Sie selber erleidet. Diese Selbsterniedrigung Gottes setzt sich auch da fort, wo er in menschlichen Worten zur Sprache kommt und dadurch missverständlich wird. „Wir haben aber diesen Schatz" – die Nähe Gottes – „in irdenen Gefäßen, auf dass die überschwängliche Kraft von Gott sei und nicht von uns", sagt Paulus dazu. (2. Korinther 4,7) Gottes Worte bleiben also einfache Worte. Keine Zauberworte, die für sich irgendwas bewirken. Noch mal: keine Magie.

Das Gleiche geschieht schließlich auch dort, wo Gott dir so nahe wie möglich kommen möchte. Denn Gott hat dir nicht bloß was zu sagen. Gott ist die Mitteilung selber! Sein ganzes Wesen ist „Mitteilung": Er teilt sich selbst mit, nicht einfach den Inhalt einer Message. Er will alles mit uns teilen, was er hat. Und ist. Und wir sollen von ihm was haben. Auf diese Weise ist Gott selber „Kommunikation". Hier lässt sich dieses Fremdwort wirklich nicht vermeiden. Denn das Wort stammt aus der Gottesdienstsprache. Damit war früher die Teilnahme am Abendmahl gemeint. „Kommunizieren" bedeutet dort, mit Gott Gemeinschaft zu haben. Und zwar so, als wäre schon alles gut. Als wäre man schon im Himmel. Aber eben nur fast. Denn die tiefe Sehnsucht, schon jetzt Gemeinschaft mit Gott zu haben, wird im Abendmahl zugleich erfüllt – und enttäuscht. Es ist ein bisschen so wie mit einer riesengroßen Erwartung: Du begegnest deinem angehimmelten Superstar – und dann gibt er dir einfach die Hand und sagt: „Tach." Und das war's. Ansonsten passiert nichts. Keine Filmmusik mit tausend Streichern, keine Ekstase mit anschließender Ohnmacht. Beim Abendmahl ist es ähnlich. Der Pfarrer breitet die Arme aus und sagt: „Und nun kommt, denn alles ist bereit. Seht und schmeckt, wie freundlich der Herr ist!" – Und was du schmeckst, ist ein Stück trockenes Toastbrot oder eine pappige Oblate, die einem am Gaumen klebt. Und ein winziger Schluck Wein. Oder Traubensaft. Na toll. Das soll alles sein?

Aber die wahren Abenteuer finden im Kopf statt. So wie die Worte der Bibel dich mit Gott verbinden, wenn du sie durch den Heiligen Geist aufnimmst, so muss man das Abendmahl auch als „geistliche Speise" zu sich nehmen. Dann verbindet dich der Heilige Geist mit Jesus: Dann sitzt du beim Abendmahl mit ihm am Tisch und er ist der Gastgeber, als wären wir schon im Himmel. Beim ersten Mal, als Jesus mit seinen Jüngern zusammen saß, sagte er, bevor er Brot und Wein verteilte: „Denn ich sage euch, dass ich es nicht mehr essen werde, bis es erfüllt wird im Reich Gottes." (Lukas 22,16)

Wenn Jesus damit bloß gemeint hätte: „Wartet ab, im Himmel gibt's dann mehr davon", dann hätten die Jünger und die Christen später nicht weiter Abendmahl gefeiert. Aber genau das wollte Jesus ja: „Denkt daran, was ich für euch getan habe, sooft ihr dieses Brot esst!" (vergleiche Lukas 22,19; 1. Korinther 11,24f.) Allerdings sollte das kein Klassentreffen mit Erinnerungswert bleiben: „Weißte noch, damals, als Jesus noch bei uns war ..." Diese Mahlzeit war nicht bloß rückwärts gerichtet. Im Gegenteil: „Wenn ihr das nächste Mal feiert, bin ich schon im Himmel. Und feiere da mit."

Die Sehnsucht nach Gemeinschaft mit Gott wird im Abendmahl zugleich erfüllt und verstärkt.

#schmecktnachmehr

So kann man die Ankündigung von Jesus ja auch verstehen. Dann blickt man beim Abendmahl nicht zurück, sondern nach vorne: Unser trockenes Brot und der Schluck Wein schmecken nach mehr. Das ist nur der Vorgeschmack. Darauf, einmal mit Jesus Angesicht zu Angesicht am Tisch zu sitzen. Wenn wir hier essen, dann ist Jesus schon mit dabei. Wenn wir zusammen sind, dann ist Christus mitten unter uns. Gegenwärtig.

Icebreaker:

Was ist für dich der deutlichste Ausdruck von echter Gemeinschaft?

Impulse zum Weiterdenken:

- **→ Was hast du gedacht, als du das erste Mal Abendmahl gefeiert hast?**
- **→ Wie fühlst du dich heute dabei?**

Bibelvers zum Beherzigen:

„Denn sooft ihr von diesem Brot esst und von dem Kelch trinkt, verkündigt ihr den Tod des Herrn, bis er kommt.“

(1. Korinther 11,26)

#30

FEIERN, DASS GOTT DA IST. FAST.

Abendmahl ohne Heiliger Geist ist wie Essen ohne Geschmackssinn. Alles schmeckt nach Pappe. Und nicht nach mehr, nach Hoffnung. Und nach Freude. Aber mit dem Heiligen Geist ist Abendmahl wirklich ein Vorgeschmack darauf, mit Jesus um einen Tisch zu sitzen.
Und sich vorzustellen, man wäre schon völlig vereint.
„Das Brot, das ihr esst, das bin ich. Mein Leib. Und der Wein, den ihr trinkt, das ist mein Blut", hat Jesus gesagt (vergleiche Lukas 22,19f. oder 1.Korinther 11,24f.). Das bedeutet: Im Essen und Trinken geschieht etwas, was Jesus die ganze Zeit für uns tut: sich hingeben – und wir nehmen ihn auf. Werden damit selber „wie er". Im Abendmahl sogar buchstäblich: Wer den „Leib Christi" symbolisch zu sich nimmt, ist kein Kannibale, sondern er wird selber zu einem Teil des „Leibes Christi"! Und wer das Blut Jesu in sich aufnimmt, ist kein Vampir, sondern er wird sozusagen „blutsverwandt" mit ihm. Dann fließt in uns das Blut der Liebe Gottes. Ich kann mir nicht vorstellen, wie man noch engere Gemeinschaft mit Gott haben könnte.

Aber wie ist diese Gegenwart von Jesus im Abendmahl vorstellbar? Der christlichen Theologie war es in der Vergangenheit am wichtigsten, zu betonen, dass Jesus in diesen „Elementen" von Brot und Wein wirklich „da" ist – aber ohne irgendeinen „Hokuspokus": Dieses Wort stammt übrigens angeblich aus der missverstandenen lateinischen Abendmahlsliturgie („hoc est corpus meum" – das ist mein Leib") und ist zum Sprichwort geworden. Aber die Gegenwart Gottes ist eben gerade keine Magie, kein Hokuspokus. Sondern geschieht so, wie Gott sich immer wieder vergegenwärtigt: Er kommt uns nahe in ganz einfachen, sehr irdischen Dingen. In einer Krippe. In Worten. In einem Stück Brot. Einem Schluck Wein. Das Enttäuschende ist leider auch hier, dass das Symbol für die größtmögliche Einheit mit Gott auf Erden seit Jahrhunderten der Punkt ist, wo die größte Uneinigkeit zwischen den Christen herrscht.

Vielleicht ist auch deshalb diese Feier so „speziell": Es wird ja immer gesagt, dass die Gemeinde Abendmahl „feiert". Aber du stellst dir wahrscheinlich was anderes vor, wenn du sagst: „Lass mal feiern gehen!" Wenn das Abendmahl wirklich ein Fest sein soll, dann ist die Stimmung auf dieser Feier höchstens so wie beim Beerdigungskaffee. Oder noch nicht mal. Und man steht da vorne am Altar wie die Abwehr von Eintracht Frankfurt in der

Freistoßmauer. Dabei geht's darum, dass man mit Gott noch mal zusammen isst und trinkt, bevor man sich auf einen langen Weg macht. Das gemeinsame Essen dieser Runde hatte nämlich das Vorbild im Passah-Mahl, wo das Volk Gottes die Befreiung aus der Sklaverei feierte. Und sich für den langen Weg durch die Wüste seelisch rüstete. Das war keine ausgelassene Party mit Polonaise. Aber eine Feier mit viel Hoffnung und innerer Freude und Dankbarkeit. Und diese „feierliche" Atmosphäre passt auch zum Abendmahl, das auch so was wie Wegzehrung ist. Weil wir noch nicht am Ziel sind. Du merkst, wieviel Symbolik in dieser eigentlich ganz schlichten Feier zu finden ist. Abendmahl ist sogar noch viel mehr. Es bedeutet auch, wie ein ansonsten gemiedener Steuerprüfer oder eine geächtete Ehebrecherin von Jesus trotzdem zum Essen eingeladen zu sein und sich am Tisch mit Jesus wiederzufinden, um Vergebung und neue Gemeinschaft mit Gott zu erfahren.

Im Abendmahl kommst du Gott wirklich so nahe wie hier auf Erden nur möglich. Näher geht nicht. Und deshalb kommst du auch mit seiner Heiligkeit in Berührung. Damit geht man sorgfältig um. Das braucht Ehrfurcht und verträgt kein Gegiggel beim Herumreichen des Weinbechers. Dem Heiligen nähert man sich so wie der Prophet Elia am Berg Horeb.
Erinnerst du dich an die Story? (#gottesgeschichte, Kapitel Nr. 33) Zuerst donnert es, dann blitzt es, die Erde bebt, Elia bibbern die Knie, die Naturphänomene werden immer spektakulärer, während der Erzähler der Geschichte immer wiederholt: „Das alles war noch nicht Gott." Wer ihm begegnet, wird nicht überwältigt, sondern am Schluss überrascht: Es begegnet einem nicht die Übermacht, sondern – die Stille. Je näher man Gott kommt, desto weniger wird das, was es zu erfahren gibt. Es ist eine Täuschung, zu erwarten, dass dein Erleben immer intensiver wird, je mehr du von Gott erfährst. Je näher man ihm kommt. Im Gegenteil: Im „Allerheiligsten" im Jerusalemer Tempel zum Beispiel, wo nur der Hohepriester einmal im Jahr rein durfte, wo man die direkte „Gegenwart" Gottes erwar-

Näher als im Abendmahl kannst du Jesus in diesem Leben nicht kommen.
#wenigeristmehr

tete, da befand sich höchstwahrscheinlich zur Zeit von Jesus, als der Tempel noch stand ... nichts. Ohne dass es dort leer gewesen wäre.

Deine mögliche Enttäuschung über das Abendmahl ist deshalb womöglich auch heilsam. Weil du deine Täuschungen zurücklassen kannst, wenn du Gott wirklich begegnest.

Icebreaker:

Wie sieht für dich eine schöne Feier aus?

Impulse zum Weiterdenken:

- → Würdest du auch im Gottesdienst einer anderen Konfession am Abendmahl teilnehmen?
- → Was bedeuten dir die Unterschiede beim Verständnis vom Abendmahl in den katholischen und den evangelischen Kirchen?
- → Worin besteht für dich eine „feierliche Atmosphäre" beim Abendmahl, und worin nicht?
- → Wenn Gott „heilig" ist, was bedeutet das für dich?

Bibelvers zum Beherzigen:

„Ihr sollt das Heilige nicht den Hunden geben, und eure Perlen sollt ihr nicht vor die Säue werfen, damit die sie nicht zertreten mit ihren Füßen und sich umwenden und euch zerreißen."
(Matthäus 7,6)

LIEBE

Glauben ist zuerst ein Verhältnis (zu Gott), kein Verhalten.
Es geht um eine Beziehung, nicht zuerst um Moral.

Aber wie du diesen Glauben lebst, ist trotzdem nicht egal.

Was ist also, wenn die Verbindung zu Gott deinen Alltag bestimmt?

Diese Beziehung ist nämlich durch die Liebe bestimmt.

Deshalb ist es die Liebe, die auch dein Verhalten prägt,
wenn du deinen Glauben ernst nimmst und ihn zu leben versuchst.

Darum geht es jetzt.

#31

LEBE DEINEN GLAUBEN!

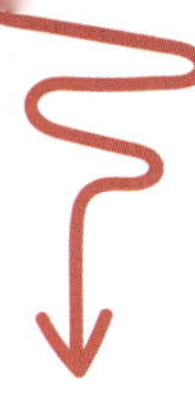

Dein Glaube ist ein Lebensstil! Eine Art zu leben. Keine Weltanschauung oder eine Sammlung von Antworten auf religiöse Fragen. Ich habe manchmal den Eindruck, dass viele das denken: dass der christliche Glaube so eine Art „Frage- und-Antwort-Spiel" ist. Als gäbe dir einer Antworten auf Fragen, die du (noch) nicht gestellt hast. Aber es geht nicht darum, wie du dir irgendwas erklärst. Der Glaube hat auch nicht auf jede Frage eine Antwort. (Das wird uns im dritten Teil des Buches, dem über die Hoffnung, noch mal begegnen.) Mit diesem Lebensstil meine ich aber auch keinen komplizierten Verhaltenskodex, der genau festlegt, was man wann darf und was verboten ist. Deshalb bekommst du hier auch keine Anweisung zum Richtigmachen. Aber diese Lebensweise, die ich meine, möchte ich dir in den kommenden Kapiteln beschreiben.

Viele, die interessiert sind am Glauben, steigen an dieser Stelle wieder aus. Entweder denken sie: „Dann muss man so leben wie vor 2000 Jahren. Das geht gar nicht." Oder sie haben die Befürchtung: „Irgendwann kommt dann doch das Kleingedruckte im Vertrag. Die ganzen Regeln, die man befolgen muss. Dieser Wald aus inneren Warnschildern, die überall aufgestellt sind." Es geht bei diesem Lebensstil aber nicht um jede Menge neuer Regeln, sondern schlicht darum, wie man „Leben" lernt. Mit dem eigenen Glauben. Denn viele *glauben* zwar in ihrem Leben, aber es ist was anderes, seinen Glauben zu *leben*. Das ist wieder diese Umkehrung, die du schon kennst: Such nicht Gottes Plätzchen in deinem Leben, sondern deinen Platz in seinem Plan.

Also, wie macht man das jetzt: „Leben" lernen? Das hört sich nach einem Problem an. Dabei ist das Leben nicht das Problem, sondern schon die Lösung. Denn Leben lernst du nicht im Simulator, sondern durchs Leben selber. Leben zu lernen, bedeutet zwar auch, Spielregeln zu verinnerlichen, sonst ist Benehmen reine Glückssache. Aber das ist noch nicht alles und auch nicht das Wichtigste. Wer das alles gelernt hat, von dem sagt man noch lange nicht: „Du hast gelernt, zu leben." Wenn du lernst, deinen Glauben zu leben, ist das genauso. Das ist am Ende ganz einfach. Und doch wird man damit nie fertig und kann ein Häkchen dran machen: „So, das kann ich jetzt, was kommt als nächstes, mir wird langweilig, die Übung ist zu einfach für mich." Noch ein Beispiel dafür: Wenn man ein Instrument lernt, ist das ganz ähnlich.

Am Anfang scheint das echt schwer zu sein, überhaupt eine einzige Note zu spielen, aber je besser du es beherrschst, desto einfacher wird es. Und doch muss man sich bei jeder einzelnen Note Mühe geben. Und auch Leben lernt man wie eine Kunst: Lebenskunst. Das ist mehr, als am Leben zu bleiben oder sich irgendwie über Wasser zu halten. Das ist wie wirkliche Musik zu machen, statt nur die blöden Noten zu spielen. Dazu muss man üben! Aber: Wenn man nur die Noten des Lebens spielt, ist das noch lange keine Musik. Der Heilige Geist, das ist der, der dich so leben lässt, dass das mehr, ist als bloß zu überleben oder alles richtig zu machen! Das ist sozusagen „die Musik" in deinem Leben. Damit dein Leben nicht bloß aus den richtigen Noten besteht, sondern daraus Musik wird.

Wie also kann man sich an die Regeln halten, aber krampflos, ohne sich wieder durch sie einmauern zu lassen? Das ist – noch ein Beispiel – wie in einem Spiel: Das macht noch keinen Spaß, wenn man bloß stur die Spielregeln befolgt, sondern erst wenn man dem Geist des Spiels folgt. Auch da begegnet dir der Heilige Geist: Du hast vielleicht auch schon mal erlebt, dass man in einem Spiel sich selbst vergisst. Oder wenn man beim Laufen oder Schwimmen oder Musizieren so sehr darin aufgeht, dass man gar nicht mehr darüber nachdenkt und sich selbst beobachtet: „Mache ich alles richtig, bin ich gut genug ...?" Und beim Lieben ist das im Grunde genauso: Die Liebe lernst du auch nicht im Trockendock, sondern indem du anfängst zu lieben. Wer jemanden liebt, ist gerade nicht bei sich, sondern beim anderen, der nimmt den andern wichtiger als sich selber. Der denkt nicht an sich zuerst: „Was hätte ich gerne, was brauche ich?" Der ist gar nicht mehr mit sich selber beschäftigt und fragt sich ständig „Bin ich jetzt nett genug, gut genug, schick genug?", und dreht sich um den eigenen Bauchnabel.

Es geht nicht darum, im Leben mehr zu glauben, sondern deinen Glauben zu leben.

#nurtönesindnochkeinemusik

Und in einer Liebesbeziehung ist es nicht damit getan, immer brav die Spielregeln einzuhalten. Das sind bloß die Noten. Die Musik entsteht erst ... mit dem Heiligen Geist: Wenn der in dir wirkt, und doch bist du es selber, der liebt. Beides. Eben wie in der Musik.

Icebreaker:

Schummelst du manchmal beim Spielen?

Impulse zum Weiterdenken:

- → Gibt ja Menschen, die sind unmusikalisch. Könnt ihr die Beispiele auch in den Sportbereich „übersetzen“? Zum Beispiel in den Fußball?
- → Was gehört deiner Meinung nach zur „Lebenskunst“?
- → Fallen euch noch andere Beispiele ein für das, was hier mit „Selbstvergessenheit“ gemeint ist?

Bibelvers zum Beherzigen:

„Nicht, dass ich's schon ergriffen habe oder schon vollkommen sei; ich jage ihm aber nach, ob ich's wohl ergreifen könnte, weil ich von Christus Jesus ergriffen bin. ... Eins aber sage ich: Ich vergesse, was dahinten ist, und strecke mich aus nach dem, was da vorne ist, und jage nach dem vorgesteckten Ziel, dem Siegespreis der himmlischen Berufung Gottes in Christus Jesus.“

(Philipper 3,12ff.)

#32

LIEBE. GANZ EINFACH.

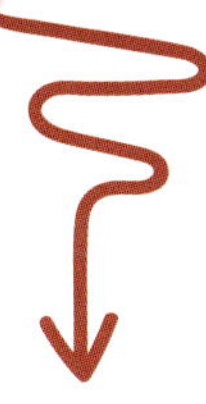

„Gott ist Liebe." (1. Johannes 4,16) Punkt. Kürzer kann man Gott nicht beschreiben. Im Grunde wollte ich dir im ganzen ersten Teil über den Glauben genau das erklären. Was das heißt. Und wenn Gott die Liebe ist, dann bedeutet das doch: Wenn du liebst, wirkt Gott in dir. Und umgekehrt. Wenn Gott in dir wirkt, dann fängst du an zu lieben. Von selber. Dein Glauben läuft also darauf hinaus: liebe einfach. Um diesen „Lebensstil" geht es. Der Kirchenvater Augustinus hat das mal so zusammengefasst: „Liebe, und dann tu, was du willst." Einfacher geht's nicht, oder? Das klingt einladend. Lädt aber auch zum Missbrauch ein, nach der Devise: Lass ruhig die Sau raus, Hauptsache du tust es „mit Liebe". Man muss also schon genauer hinsehen. Was bedeutet das zum Beispiel genau im Zusammenleben mit anderen? Oder für den Umgang mit Geld, mit deiner Freiheit, mit deinen Stärken und Schwächen? Was also soll dein Leben bestimmen? Die Liebe, die in deinem Herzen wohnt, sich bei dir ausbreiten und mit anderen geteilt werden will – oder dein Egoismus, der sich aus der Angst speist, zu kurz zu kommen oder untergebuttert zu werden? Das erwartet dich also jetzt in den nächsten Kapiteln. So versuche ich, dir zu zeigen, wie du deinen Glauben leben kannst, ohne dass das zu einer verkrampften Veranstaltung wird.

„Liebe einfach", das klingt wunderbar. Da hat erst mal niemand was dagegen. Denn Liebe ist das Thema Nummer eins. Frag einen x-Beliebigen nach seinen Werten im Leben, und die meisten sagen: „Liebe ist das wichtigste im Leben". Aber die Liebe, die in blumenumkränzten Sprüchen auf Facebook gepostet wird, hat mit der Liebe Gottes erst mal ziemlich wenig zu tun. Also die Liebe, ohne die kein Popsong und kein Romantikfilm auskommt. Dieser romantische Mythos, wo sich zwei finden, sich unsterblich verlieben und dann bis ans Ende ihrer Tage einfach glücklich sind. Diese Suche nach dem Traumprinzen oder der Traumfrau, nach dem Glück der Zweisamkeit. Brautpaare erzählen manchmal, dass sie sich irgendwie gefunden haben wie „Seelenverwandte". Der andere ist dein Gegenstück, das dich komplett macht. Und dann wirst du glücklich. Frag mal Leute auf der Straße nach dem Sinn des Lebens. Da findest du ihn. In dieser Vorstellung von Liebe. In Wirklichkeit ist das aber total stressig, weil du dabei liebenswert und begehrenswert sein musst. Was man nicht alles tun muss, damit man auf Parship genügend Treffer erzielt! Das ist, als müsstest du dich selber auf dem Marktplatz ausstellen und „verkaufen": Da ist dein Körper dein Kapital, der muss in Form gebracht werden mit Diät, Fitness, Makeup, Frisur, Rasur, und, wenn gar nichts mehr hilft, mit plastischer Chirurgie. Mit dem Gott der Bibel, der Liebe ist, hat das nicht viel zu tun. Diese romantische Sehnsucht ist im Grunde bloß eine Verkleidung der Selbstsucht. In Wahrheit geht's dabei nur um die Fortsetzung der Ich-Bezogenheit mit anderen Mitteln. Das Ziel ist letztlich nicht, zu lieben, sondern geliebt zu werden. Die Vergötterung des anderen ist in Wirklichkeit ein Egoismus zu zweit. Und mit dieser Vorstellung von Liebe wirst du garantiert unglücklich. Denn diese sehnsüchtige Erwartung, dass es den einen Menschen, „einen von 80 Millionen", geben muss, der dich wirklich glücklich macht, die kann sich nicht erfüllen. Und deshalb musst du immer weitersuchen. Und wirst jedes Mal wieder enttäuscht und suchst dir den nächsten Balzpartner, immer mit der Lebenslüge: Irgendwann bleibt das Gefühl für immer. Aber die wahre Liebe ist kein Gefühl, wo man besoffen von sich selber ist und hauptsächlich den Kick sucht. Da bist du vollgepumpt mit Glückshormonen, schwebst zwanzig Zentimeter über dem Boden und dürftest eigentlich nicht mehr Auto fahren. Aber wie jede andere Droge verfliegt das „high sein" irgendwann. Nichts gegen das Verliebt sein. Es ist toll! Aber das ist nur die Kurbel, mit der du den Motor der Liebe ankriegst.

Die Liebe ist nämlich kein Gefühl, das irgendwann verfliegt. Die Liebe erzeugt jede Menge Gefühle, klar. Aber die Liebe betrifft deine ganze Person. *Du* bist es, der liebt. Nicht deine Hormone. *Du* suchst in dem Menschen, den du liebst, nicht irgendwas. Liebe sucht nichts, was sie nicht hat. Die echte Liebe sucht nicht lebenslang das Passende. Sie nimmt den anderen so wie er ist, und dann passt das. Liebe sucht nicht irgendwas „Liebenswertes." Liebe hat keinen Grund. Klar gibt's jede Menge Sachen, die du an der anderen liebst, ihre Augen, ihr Lachen, oder am anderen seinen Humor, dass er so romantisch ist. Aber wer sich wirklich liebt, der merkt, dass solche Beschreibungen des anderen irgendwie oberflächlich bleiben.

Und nicht erklären können, warum sie ihn liebt. Oder er sie. Ich liebe meine Frau nicht, weil sie so schöne Augen hat. Sondern weil sie „sie" ist. Weil ich sie meine. Und niemanden anderen. Das ist der Grund für das Staunen aus dem Song: „eine von 80 Millionen". Weil es diesen Menschen nur einmal gibt. An diesem Punkt ist deine Liebe deine „Entscheidung", also etwas, wofür du mit

Die Liebe meint die Person. Du liebst jemanden, nicht etwas.
#gefühlesindnichtalles

deiner ganzen Person einstehst. Und die ganze Person meinst. Das ist kein Reflex oder eine Reaktion auf irgendwas: Sie liebt ihren Mann nicht, weil er irgendwas so toll kann. Sondern weil sie ihren Axel oder den Heinz liebt. Weil sie ihn meint. Und nicht was er ist oder hat oder kann. Das ist das Wesen der Liebe. Das findest du da, wo einer seine Frau, mit der er seit was weiß ich wie vielen Jahren verheiratet ist, jeden Tag im Pflegeheim besucht. Sie ist dement. Erkennt ihn nicht mehr. Aber er fährt trotzdem jeden Tag mit dem Zug zu ihr, weil er sie alleine zu Hause nicht mehr pflegen kann. Und wenn sie gestorben ist, wird er sie trotzdem weiter lieben.

Icebreaker:

Erzähl mal: Was ist dein Lieblings-Lovesong? Oder dein Romantik-Film Nr. 1?

Impulse zum Weiterdenken:

- → **Was gehört deiner Meinung nach zum „Lebensstil Liebe“?**
- → **Kann man lieben lernen?**
- → **Kennst du Paare, die sich schon seit Jahrzehnten lieben? Fragt sie doch mal nach dem Geheimnis ihrer Liebe!**

Bibelvers zum Beherzigen:

„Und wir haben erkannt und geglaubt die Liebe, die Gott zu uns hat: Gott ist Liebe; und wer in der Liebe bleibt, der bleibt in Gott und Gott in ihm.“

(1. Johannes 4,16)

#33

FINDE DIE QUELLE DER LIEBE

Liebe sucht nicht das Liebenswerte. Sondern sie erschafft es erst, hat Martin Luther mal gesagt. Ich behaupte sogar: Die Liebe macht dich wirklich zu einer Person. Dass du liebst und geliebt wirst, das macht dich zu jemandem, der nicht ersetzbar ist. Wenn man dieser Liebe begegnet, kann man schon eine Ahnung von Gott bekommen. Sie ist eigentlich eine Eigenschaft Gottes. Mehr noch: Die Liebe ist das Wesen Gottes. Gott ist nicht lieb, er ist die Liebe. Der Apostel Paulus hat sie mal so beschrieben: „Die Liebe ist langmütig und freundlich, die Liebe eifert nicht, die Liebe treibt nicht Mutwillen, sie bläht sich nicht auf, sie verhält sich nicht ungehörig, sie sucht nicht das Ihre, sie lässt sich nicht erbittern, sie rechnet das Böse nicht zu, sie freut sich nicht über die Ungerechtigkeit, sie freut sich aber an der Wahrheit; sie erträgt alles, sie glaubt alles, sie hofft alles, sie duldet alles. Die Liebe höret nimmer auf." (1. Korinther 13,4ff.) So liebt Gott. Dich. Er meint dich und keinen anderen. Seine Liebe sucht bei dir nicht irgendwas und ist keine Belohnung dafür, dass du so brav bist oder so gut mitmachst. Liebe heißt, dem anderen zu geben, was er am dringendsten braucht. Egal, ob er es verdient hat oder nicht. Das ist kein Tauschgeschäft, wo es ums Geben und Nehmen geht: „Du, ich glaube, ich kann mich in unserer Beziehung nicht mehr weiterentwickeln. Ich investiere hier in unsere Beziehung, aber ich kriege irgendwie nicht genug zurück, du." So klingen manchmal „Beziehungsgespräche". Achte mal drauf, wie häufig da das Wort „investieren" auftaucht! Das klingt nach Geschäftssprache: Alles ist Angebot und Nachfrage: Was gebe ich in der Beziehung, was kriege ich zurück? Wie ätzend. Alles, was wir sind und tun: Alles wird Ökonomie. Du fängst an zu rechnen, innerlich führst du Buch, und irgendwann ist Liebe wie Geld geworden. Du bezahlst damit. Und willst Gegenleistung.

Dabei ist hier genau das Problem: beim Geben und Nehmen. Denn jeder braucht mehr Liebe, als er verdient (hat die Schriftstellerin Marie v. Ebner-Eschenbach mal gesagt). Mehr Liebe, als er selber geben kann. Dieser angebliche Ausgleich zwischen Geben und Nehmen hat noch nie geklappt. Denn nicht nur ich brauche mehr Liebe, als ich selber habe. Die andern auch. Und ich brauche Vergebung. Denn die Menschen, die ich am meisten liebe, die verletze ich am tiefsten. Das ist das Tragische. Menschen sind wie Stachelschweine im Winter, hat ein Philosoph mal behauptet. Sie brauchen die Nähe und Wärme, und dann kommt man einander näher und es piekst. Immer wieder die gleiche Leier, dir wird kalt, du willst kuscheln, und zack, piekt es wieder.

Wie also lieben sich die Stachelschweine? Gaaanz vorsichtig. Aber genau diese Denke ist der Tod im Topf: Es geht nämlich nicht darum, wie du es zusammen irgendwie aushältst. Sondern woher du die Liebe kriegst, die das aushält, die Stacheln, die jeder hat. Woher kommt sie, diese Liebe, die ich so dringend brauche wie die Luft zum Atmen und die ich mir nicht selber schenken oder mir aus den Rippen schneiden kann? Wo ist die Quelle der Liebe, wenn meine Liebe irgendwann nicht mehr kann und austrocknet?

Ich weiß, wo die Quelle ist. Das ist der Ort, wo die Liebe nie aufhört zu sprudeln. Wo sie gibt und gibt und schenkt und schenkt, nie danach fragt – „krieg ich auch was zurück?“ – sondern immer weiter liebt und überhaupt nichts für sich will, sondern bereit für jedes Opfer ist. Jetzt wird klar, dass diese Liebe nicht meine Tugend ist. Sondern das Wesen Gottes. Es ist so, als würdest du Jesus beschreiben. Dessen Liebe alles ertragen hat. Allem standgehalten. Dessen Liebe allein das Böse besiegt hat. Die Sünde überwunden, die im Grunde die Abwesenheit von Liebe bedeutet. Da stehst du an der Quelle der Liebe. Die Stelle ist markiert. Jeder kann sie finden. Ein großes Kreuz zeigt deutlich: Hier findest du die Liebe. Die niemals aufhört. Die nicht totzukriegen ist. Die stärker ist als der Tod.

Ich weiß: Meine Liebe ist nicht so. Ich halte nicht alles aus. Ich bin nicht bereit, jedes Opfer zu bringen. Aber diese Liebe gibt es trotzdem. Und nicht bloß das Gefühl oder den Austausch von Körperflüssigkeiten und Gefälligkeiten, sondern die Liebe, die das Böse besiegt und dem Tod nicht das letzte Wort lässt. Und ich kann mit meiner begrenzten Liebe immer wieder zu dieser Quelle zurück. Und aus ihr schöpfen. Und es zulassen, dass diese Liebe mich verwan-

Wie Gott die Liebe ist, steht nicht im Poesiealbum.
Das erkennst du am Kreuz.
#stärkeralsdertod

delt. Nicht bloß mein Verhalten. Sondern deinen ganzen Charakter. Und dann kann auch ich so selbstvergessen lieben wie Gott. Und ein bisschen so sein wie der Vater, der den verlorenen Sohn in die Arme schließt. Oder so wie der barmherzige Samariter, der da ist, wenn er gebraucht wird. Diesen Lebensstil meine ich.

Icebreaker:

**„Liebe ist, wenn …"
Spielt eine Runde „Sätze fürs Poesiealbum". Der kitschigste Satz gewinnt.**

Impulse zum Weiterdenken:

- → **„Keine Liebe hält ewig." Diskutiert mit Pro und Contra!**
- → **Wie kann ich aus der Quelle der Liebe Gottes schöpfen, damit meine Liebe nicht eintrocknet?**
- → **Wie war das im Mittelteil? Versucht selber noch mal eine Erklärung: Wie kriegt man den Tod von Jesus am Kreuz mit Gottes Liebe zusammen?**

Bibelvers zum Beherzigen:

„Die Liebe ist langmütig und freundlich, die Liebe eifert nicht, die Liebe treibt nicht Mutwillen, sie bläht sich nicht auf, sie verhält sich nicht ungehörig, sie sucht nicht das Ihre, sie lässt sich nicht erbittern, sie rechnet das Böse nicht zu, sie freut sich nicht über die Ungerechtigkeit, sie freut sich aber an der Wahrheit; sie erträgt alles, sie glaubt alles, sie hofft alles, sie duldet alles. Die Liebe höret nimmer auf …"
(1. Korinther 13,4ff.)

#34 DIE SPRACHE DER LIEBE GOTTES LERNEN

Gott ist die Liebe. Das ist die Wahrheit. Kein Wunsch und keine Behauptung. Aber wie zeigt Gott eigentlich seine Liebe? Wie merkst du das? Viele können auch deshalb nichts mit Gott anfangen, weil sie von seiner Liebe schlicht nichts merken. Wie also zeigt sie sich? Und du merkst es? Liebe ist ja nicht in erster Linie ein Gefühl, sondern etwas, was zwischen Menschen geschieht, eine Art von Kommunikation. Eine Sprache. Die man sprechen lernen muss. Der amerikanische Pastor und Seelsorger Gary Chapman hat gezeigt, dass Menschen verschiedene Sprachen der Liebe sprechen, um auszudrücken, dass sie jemanden lieben.[3] Und sie fühlen sich besonders dann wirklich geliebt, wenn jemand ihnen genau auf diese Art und Weise ihre Liebe zeigt, wie sie es tun. Zum Beispiel:

→ Durch Zärtlichkeit: „Ich will dir körperlich nahe sein."

→ Oder durch Wertschätzung. Durch Lob und Anerkennung: „So wie du bist, bist du gut."

→ Durch ungeteilte Aufmerksamkeit: „Ich habe Zeit, nur für dich. Ich höre dir zu und verstehe dich."

→ Auch durch Hilfsbereitschaft: „Auf mich kannst du dich verlassen. Zähl auf mich. Ich bin für dich da."

→ Oder durch Geschenke, die einem zeigen: „Das bist du mir wert. Ich habe mir Gedanken darüber gemacht, was dir gefällt."

Um zu zeigen, dass du jemanden liebst, damit die Person sich wirklich geliebt fühlt, musst du also nicht nur deine Sprache der Liebe kennen (Gary Chapman behauptet, jeder hat zwei „Muttersprachen" der Liebe, die er bevorzugt), in der du normalerweise anderen deine Liebe zeigst. Du musst auch auf der Wellenlänge funken, auf der die andere Person unterwegs ist. Du musst ihre „Muttersprache der Liebe" kennen – und sprechen. Denn erst, wenn du ihre Sprache zu sprechen gelernt hast (wenn es nicht deine eigene ist), kannst du jemandem zeigen, dass du ihn oder sie liebst, und die Botschaft kommt an, und die Person fühlt sich wirklich geliebt.

[3] Gary Chapman, Die fünf Sprachen der Liebe, Marburg 1994.

In welcher Sprache möchtest du also hören, dass Gott dich liebt? Der eine erwartet Geschenke. Den spürbaren Segen Gottes. Die andere, dass Gott immer fühlbar nahe ist. Für sie da ist. Der dritte, dass Gott hilft, wenn man ihn wirklich braucht. Der vierte so, dass ich mich mit Gott einfach besser fühle. Oder durch Wertschätzung: Gott liebt dich so, wie du bist, als wärst du der einzige Menschen auf Erden. Ich glaube, dass Gott in jeder dieser Sprachen seine Liebe zeigt. Aber nicht immer. Seine eigene Sprache, wie er seine Liebe „offenbart", die liegt noch dahinter: Es ist die Geschichte von Jesus. Wer Gottes Liebe verstehen will, muss sich in die Geschichte von Jesus, wie er ist und was er getan hat, vertiefen. Und nicht zuerst nach Segen, Glücksgefühlen, Hilfe oder Wertschätzung abgesehen von dieser Story suchen. Es sind nicht die großen Gefühle, die uns mit Gott verbinden. Es ist diese gemeinsame Geschichte.

**Gott liebt dich auf jede denkbare Weise.
Aber seine Art, es zu zeigen,
erkennst du an der Geschichte von Jesus.**
#fühldichgeliebt

Icebreaker:

Wie zeigst du jemandem, dass du ihn liebst?

Impulse zum Weiterdenken:

→ Versucht doch mal, eure beiden Muttersprachen der Liebe herauszufinden und euch gegenseitig zu erzählen.

→ Was kann man tun, wenn einer sich wirklich nicht von Gott geliebt fühlt?

→ Passt deine Muttersprache der Liebe zu der Art, wie du deinen Glauben lebst?

Bibelvers zum Beherzigen:

„Ihr Lieben, lasst uns einander lieb haben; denn die Liebe ist von Gott, und wer liebt, der ist aus Gott geboren und kennt Gott. Wer nicht liebt, der kennt Gott nicht; denn Gott ist Liebe. Darin ist erschienen die Liebe Gottes unter uns, dass Gott seinen eingebornen Sohn gesandt hat in die Welt, damit wir durch ihn leben sollen."

(1. Johannes 4,7ff.)

#35

EIN-TAUCHEN IN DIE LIEBE GOTTES

Was dich mit Gott verbindet, ist die Geschichte von Jesus. Wenn du in diese Story eintauchst, passiert etwas mit dir. Wenn du Gottes Liebe wirklich erkennst, hat sie dich schon ergriffen. Du fängst an, Gott zu lieben. Du gibst ihm seine Liebe zurück. Und du gibst sie weiter.
Einem, der sie braucht. Deine Liebe hört auf, um sich selber zu kreisen, auch nicht um deinen Glauben und deine Nähe zu Gott. Und so wird sie immer mehr so wie Gottes Liebe. Jesus hat den Lebensstil des Glaubens mal so zusammengefasst: „Du sollst den Herrn, deinen Gott, lieben von ganzem Herzen, von ganzer Seele, von ganzem Gemüt und mit all deiner Kraft." Und dann: „Du sollst deinen Nächsten lieben wie dich selbst." (Markus 12,29ff.) Wer Gott wirklich erkennt und liebt – das gehört ja untrennbar zusammen – der wird immer mehr wie er. Wie Jesus. Gott lieben heißt eben nicht, am liebsten nur noch mit ihm zusammen sein zu wollen. Liebende sehen sich nicht ständig in die Augen. Sie sehen in die gleiche Richtung. Eigentlich gilt das für deine Beziehung zu Gott doch auch: Wenn es wirklich Gott ist, dem du deine Kraft und dein Herz geben willst und deine Seele, dann fängst du an, in die gleiche Richtung zu schauen wie er. Mit seinen Augen.

Wen siehst du, wenn du in die gleiche Richtung siehst wie Gott? Einen, der auf dem Weg nach Jericho unter die Räuber geraten ist. (Lukas 10,30-37) Das kann dir genauso in der Frankfurter Fußgängerzone passieren. Und du wolltest einfach nur in den Gottesdienst und bist spät dran und spielst auch noch in der Lobpreisband, die vorher noch üben will. Aber du kennst die Story von dem Tempeldiener, der schnell vorbeigeht. Und siehst die Situation deshalb mit anderen Augen. Du siehst keinen blöden Fatzke, der mit seinem Geld tierisch angibt, sondern du siehst vielleicht einen verlorenen Sohn, der sich prächtig amüsiert. Jedenfalls noch. (Lukas 15,13) Du findest Schafe, die keinen Hirten haben. Die sich das allerdings verbitten würden, als solche angesehen zu werden. (Markus 6,34) Du guckst einem Vermögensberater ins Herz, der über sich hinausgewachsen und jetzt total großzügig ist und darauf gewartet hat, seinen Schatz nicht mehr unters Kopfkissen zu legen, sondern im Himmel anzulegen. (Lukas 19,1-10) Ich meine so kleine, einssechzig große Steuerbeamte, die auf Bäume klettern und da oben ihr Herz entdecken. Du siehst auf einmal Menschen, die kein Zuhause haben. Entweder weil sie echt obdachlos sind oder heimatlos, in vielfachem Sinne. Die aus der Kleiderkammer was Warmes zum Anziehen brauchen, auch wenn sie sich schämen. Die einfach hungrig sind und sich bei der Tafel anstellen, wo es Essen umsonst gibt. Die Suppe, Seife und Seelenheil brauchen, in dieser Reihenfolge. Die durstig sind und deren Lebensdurst sich im Festzelt nicht löschen lässt. Oder die es alleine nicht schaffen, aus ihrem Gefängnis rauszukommen. Die krank sind oder pflegebedürftig und keinen Besuch kriegen. Keine Zuwendung. (Lies mal Matthäus 25,31-40.)

Und plötzlich siehst du Gott. Ins Angesicht. Ohne es zu merken, sagt Jesus. (Matthäus 25,35) Es kann dir echt passieren, dass du von ganzem Herzen Gottes Zuwendung suchst, und stattdessen begegnet dir einer, der deine Zuwendung und Liebe braucht. Und du weißt: Das ist Absicht. Gottes Absicht. Er gibt dir auf einmal eine wunderbare Gelegenheit, ihn von ganzem Herzen und ganzer Kraft zu lieben. Und Gott segnet dich: mit Menschen, die dich brauchen.

Du hast richtig gelesen: Manchmal sieht der Segen Gottes so aus. Vielleicht merkst du sogar, wie sich deine Liebe verwandelt hat. Sie muss sich gar nicht mehr aus deiner eigenen Kraft speisen, sondern ist ein klitzekleiner Teil des großen Herzens Gottes. Und in deiner Liebe begegnen Menschen auf einmal Gott selber. Durch die Menschen Gott erkennen. Die Menschen lesen nämlich nicht die Bibel. Sie lesen dich und mich. Als wären wir ein Satz aus dem großen Liebesbrief Gottes. Weil du eine der Sprachen der Liebe Gottes sprichst: die der Hilfsbereitschaft, des vorbehaltlosen Annehmens, der Vergebung, der Wertschätzung. Oder noch eine andere. Die Menschen erleben die Liebe, die wir weitergeben. Ausstrahlen. Und darin Gott erleben, der seine Liebe austeilt. Das gilt, egal wie krumm und schief deine eigene Liebe ist! Das ist gar nicht das, was die Mission von Gottes Liebe behindert: dass ich als Missionar der Liebe Gottes doch immer zugleich das Stachelschwein bleibe, das auch geliebt werden will und die anderen piekt, gerade weil es lieben will. Denn die Liebe Gottes zeigt sich gerade auch darin, wie wir mit den Fehlern und Verletzungen umgehen, die wir uns gegenseitig zufügen. Und wie wir mit Armen umgehen. Mit Geflüchteten, mit Gefangenen, Kranken und Alten. Sagt Jesus.

Was geschieht, wenn du in diese Nächstenliebe eintauchst? Und dich traust, diesen Lebensstil einzuüben? Wird umgekehrt auch ein Schuh draus: dass du in der Nächstenliebe Gott wirklich näherkommst? Auf den ersten Blick bleibt nämlich Gott darin irgendwie entbehrlich, wenn es dir reicht, dass es den Menschen neben dir ein bisschen besser geht.

Wer in Gottes Liebe eintaucht,
taucht neben seinem Nächsten wieder auf.
#mitgottesaugen

Aber wenn du Menschen wirklich liebst, dann kann dir ihr Seelenheil nicht egal sein - neben der Suppe und der Seife und ihrer Gesundheit und Geborgenheit und Wertschätzung und einer sinnvollen Aufgabe zu gerechter Bezahlung. Wer einfach nur ein guter Mensch sein will, sagt vielleicht, dass das schon mehr als genug ist. Und das ganze Gerede von Gott sich darin erschöpft: in echter Zwischenmenschlichkeit. In der Liebe, die Gott nicht mehr braucht. Aber deine Menschenliebe wird nicht stehen bleiben können bei einer Beziehung von Mensch zu Mensch. Du hast dem anderen nicht wirklich geholfen, wenn du ihm vorenthältst, dass Gott auf der Suche nach ihm ist. Auf ihn wartet, den verlorenen Sohn. Dass Gott es nicht erträgt, den Schweinestall, in dem einer vielleicht sitzt, statt sich aufzumachen ins Vaterhaus, wo ein Ring auf ihn wartet, und ein Erbe. Wenn du in deiner Liebe nicht auch Gott suchst, kannst du den Menschen nicht gerecht werden. Deshalb trau dich, dich auf Gottes Weg zu den Menschen zu machen. Trau dich, Bote von Gottes Sehnsucht nach den Menschen zu sein.
Tauch ein. In Gottes Liebe. Ins pralle Leben.

Icebreaker:

Wann hast du das letzte Mal jemandem geholfen?

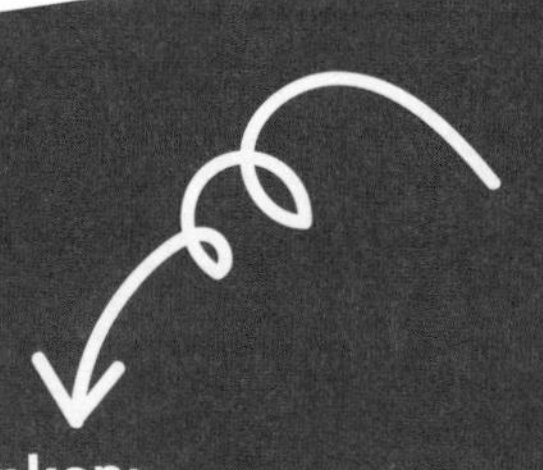

Impulse zum Weiterdenken:

→ **Wie geht das: Gott in hilfsbedürftigen Menschen zu begegnen? Versucht das mal für Kindergartenkinder zu erklären!**

→ **Schon mal überlegt, ein Praktikum bei der Stadtmission oder der Heilsarmee zu machen?**

→ **Wer ist denn dein „Nächster"?**

Bibelvers zum Beherzigen:

„‚Du sollst den Herrn, deinen Gott, lieben von ganzem Herzen, von ganzer Seele, von ganzem Gemüt und mit all deiner Kraft' ... Das andre ist dies: ‚Du sollst deinen Nächsten lieben wie dich selbst' ... Es ist kein anderes Gebot größer als diese."
(Markus 12,30f.)

#36

DANK-BARKEIT WEITER-GEBEN

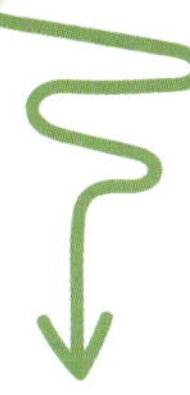

Der Lebensstil, den ich dir beschreibe, hat als Kennzeichen die Dankbarkeit. Wenn du deinen Glauben leben willst, dann fängt das mit Dankbarkeit an. Nicht mit Pflichten. Das fängt damit an, die Geschenke Gottes anzunehmen. Denn jeder lebt von Voraussetzungen, die man sich nicht einfach erarbeiten kann. Dass du überhaupt lebst, überhaupt da bist, ist nicht deine Leistung. Dass du hast, was du zum Leben brauchst, ist absolut nicht selbstverständlich.

Deine Begabung, die Möglichkeit, was zu lernen und eine Ausbildung zu machen: sind anderswo Luxus und können sich nur Wohlhabende leisten. Dass du im Frieden lebst, das war für deine Großeltern absolut nicht selbstverständlich. Daraus wächst Dankbarkeit: dass du das wirklich kapierst, wie sehr du beschenkt bist. Von anderen. Und darin auch von Gott. Dankbarkeit ist ein positives Vorzeichen im Leben. Denn die Dankbaren sind glücklich. Nicht die Glücklichen dankbar. So rum funktioniert das Leben nicht: „Wenn ich bloß das neue Smartphone, das geile Auto, die tolle Wohnung, den reichen Freund hätte, dann wäre ich glücklich ..."

Aber ändert sich was im Leben dadurch? Die Frage ist doch: Gibst du den Dank weiter? Es geht bei der Dankbarkeit natürlich nicht darum, dafür irgendwann mal was zurückzuzahlen, als ginge es beim Helfen und Danken um eine Art von Bezahlung für Hilfsleistungen. Aber eben auch nicht bloß ums brave „Danke sagen", und das war's. Sondern darum, wie es danach weitergeht. Nach dem „Dankeschön". Es geht darum, ob sich dein Leben ändert. Als Jesus mal mit seinen Jüngern in Samaria an einem Dorf vorbeikommt, begegnet er einer Gruppe Leprakranker, die von weitem um Hilfe rufen. Und ruckzuck, ohne großes Brimborium, heilt er die zehn, sie werden gesund, noch während sie zur Untersuchung latschen, damit sie wieder im Dorf aufgenommen werden dürfen. Super! Alle sind happy, unheimlich dankbar, freuen sich wie Bolle über ihre wiederhergestellte Gesundheit, na, dann steht der Rückkehr nach Hause zur Familie ja nichts mehr im Wege. „Macht's gut, Leute, ich bin spät dran, hab noch nen Termin", und dann waren sie über alle Berge. Neun von den Kranken. Nur einer kehrte um und rannte Jesus und seinen Leuten hinterher: „Danke, Jesus, du hast mir ein neues Leben geschenkt, nimm mich doch mit!" (vergleiche Lukas 17,11-17)

Wo liegt jetzt der Unterschied zwischen den neun und dem einen? Jedenfalls nicht darin, dass nur der eine dankbar gewesen wäre und die anderen die Hilfe als selbstverständlich mitgenommen hätten und undankbar gewesen wären. Alle waren „unheimlich dankbar". Aber für die anderen war es egal, wem sie das verdankten. Für die neun hatte sich nicht wirklich was geändert im Leben. Sie haben ihr altes Leben zurückgekriegt. Und mehr wollten die wahrscheinlich auch nicht. Aber für den einen hatte sich sein Leben mit der Hilfe entscheidend verändert. Der hatte buchstäblich ein „neues Leben" geschenkt bekommen. Ich glaube, heute ist das genauso. Neun von zehn Menschen lassen sich gerne von Gott helfen. Gott um Hilfe bitten und ihm danken? Klar. Aber eigentlich wollen die meisten bloß, dass der liebe Gott ihr Leben ein bisschen repariert, wenn's klemmt. Dabei bekommst du von Gott immer noch viel mehr als das: Er verschenkt sich dabei immer mit. Du bekommst Gott gratis dazu! Und dann ändert sich dein Leben. Das wollen nicht alle. Würde sich in deinem Leben was ändern, wenn Gott da wäre – für dich? Wenn sich nichts ändert, ist es im Grunde wurscht, ob es Gott gibt oder nicht. Das ist ein bisschen so wie bei neun von zehn Konfirmanden: Du wirst konfirmiert, gesegnet, und danach gehst du dankbar nach Hause und lässt den lieben Gott einen guten Mann sein. Bis zum nächsten Problem vielleicht.

Gott beschenkt dich,
damit du was zum Weitergeben hast.
#lizenzzumlieben

Dass sich in deinem Leben was ändert, das muss übrigens nicht heißen: „Schluss mit Lustig, jetzt muss du ein Heiliger werden, und wenn du mit Gott zusammenlebst, darfst du 90 Prozent der Sachen, die dir Spaß machen, nicht mehr..." – Quatsch. Was sich dann in deinem Leben ändert, hat was mit der Dankbarkeit zu tun, die du weitergibst. Das ist eine veränderte Lebenseinstellung. Dann lebst du nach dem Motto: „Wie Gott mir, so ich dir." Du behältst deine Dankbarkeit nicht für dich, sondern gibst sie weiter. Damit ändert sich nicht nur was in meinem Leben, sondern damit ändert sich sogar die Welt für ein kleines Stück. Und damit wirst du zu einem Agenten Gottes! Denn der hat seine Liebe geteilt. Mit uns. Und seitdem wird sie weitergegeben. Und wird nie weniger, sondern immer mehr. Je mehr man sie teilt!

Icebreaker:

Spielt eine Runde „Weitergeben" nach dem Muster von „Koffer packen". „Ich hab von Gott ... bekommen. Und das geb ich dem ... weiter." Und der dann: „Ich hab ... und ... bekommen. Und geb das an ... weiter." Und so weiter.

Impulse zum Weiterdenken:

- → **Was hast du, um es weiterzugeben?**
- → **Worin kann sich so eine Haltung der Dankbarkeit ausdrücken?**

Bibelvers zum Beherzigen:

„Ihr habt Christus Jesus, den Herrn, angenommen. Richtet also euer Leben an ihm aus! Ihr seid doch in ihm verwurzelt und gründet euch als Gemeinde ganz auf ihn. Ihr werdet gefestigt durch den Glauben, so wie er euch gelehrt wurde – und habt allen Grund zu überschwänglicher Dankbarkeit!"

(Kolosser 2,f. BB)

#37

GEBEN ...

Wer liebt, rechnet nicht auf. Irgendwann fängt diese Einstellung an, auch deinen Umgang mit Geld zu prägen. Normalerweise hört beim Geld ja die Freundschaft auf. Gilt das eigentlich auch für die Freundschaft zu Gott? Am Umgang mit Geld zeigt sich wie im Brennglas, wie sehr du Gott vertraust. Ob du zum Teilen bereit bist. Mit Gott. Dabei ist allerdings noch die Frage, wer hier mit wem teilt: Im Grunde gehört Gott ja alles. „Eigentlich ist Gott unendlich reich. Aber sein ganzes Kleingeld steckt in den Taschen seiner Kinder" (habe ich mal auf einem Spendenflyer der Berliner Stadtmission gelesen). Der beschenkt dich doch die ganze Zeit! „Was hast du, das du nicht empfangen hast?", sagt Paulus zu den Leuten in der reichen Gemeinde in Korinth. (1. Korinther 4,7) Das gilt nicht nur für die Begabungen, die Gott dir geschenkt hat, sondern auch für deinen Wohlstand. Ist nicht alles irgendwie ein Geschenk? Okay, mancher hat sich vielleicht mächtig angestrengt, um sich alles zu erarbeiten. Aber hast du mal drüber nachgedacht, was gewesen wäre, wenn du statt in Hamburg in Uganda geboren wärst? Wieviel von dem, was Gott dir gegeben hat, sollst du dann für dich behalten? Die Frage ist fies, weil man sich nicht selber sagen kann, wann es genug ist. Aber die Bibel gibt dir darauf eine gute Antwort. Sie sagt: Gott ist nicht knauserig und gönnt dir nur das Nötigste zum Leben. Gib Gott doch ein Zeichen, dass du ihm auch in Geldsachen vertraust. Gib ihm ein Zehntel zurück (vergleiche z.B. Maleachi 3,8ff.). Und guck, ob du immer noch genug hast und klarkommst.

Zum „Lebensstil Liebe" gehört eine Haltung der Freigebigkeit, die auch das Geld mit einschließt. „Denn einen fröhlichen Geber hat Gott lieb" (2. Korinther 9,7), behauptet Paulus. Wie geht das? Fröhlich zu spenden und nicht mit schlechtem Gewissen oder um sich irgendwie freizukaufen oder mit saurer Miene was abzudrücken, weil man das miese Image fürchtet: Das ist kein Naturtalent, sondern ein Geschenk des Heiligen Geistes. Das entsteht, wenn du dich wirklich von Gott lieben lassen kannst. Und wenn du seine Liebe weitergeben lernst. Fröhlich zu geben bedeutet, nicht aufzurechnen, wie viel du investierst und wie viel du zurückerwarten darfst: „Wenn ich spende, will ich mich wenigstens ein bisschen besser fühlen, ich will wenigstens sehen können, was mit meinem Geld gemacht wird, die Empfänger sollen mich dafür ewig lieben, und ich will dafür einen Orden oder wenigstens auf einer Spendenplakette irgendwo erwähnt werden. So zu rechnen macht einen aber nicht glücklich. Und froh auch nicht. Dann hast du deinen Lohn dafür schon gekriegt. (Matthäus 6,2). Dann hast du's genau dafür getan. Einer, der fröhlich gibt, will das gerade nicht wissen: „Wenn du aber Almosen gibst, so lass deine linke Hand nicht wissen, was die rechte tut" (Matthäus 6,3), sagt Jesus mal. Da ist sie wieder: die Liebe, die vergessen hat, an sich zu denken, weil sie darauf vertraut, dass Gott das die ganze Zeit tut.

Dazu muss man als erstes lernen, loszulassen. Das ist schon mal keine leichte Übung, wo das Lieblingshobby des deutschen Durchschnittsbürgers die Schnäppchenjagd ist: mitnehmen, was geht. Um bloß nichts zu verpassen. Rauspressen, was möglich ist. Steuern nur zahlen, wenn einem nichts anderes übrig bleibt. Und kein Sonderangebot liegen lassen. Es gibt Menschen, die können ums Verrecken nicht loslassen. Ihren Besitz. Weißt du übrigens, wie man in Afrika Äffchen fängt? Nimm eine Banane und steck sie in einen Krug, wo so gerade die Hand vom Affen durchpasst. Der Affe sieht das, kommt und greift sich die Banane. Aber so kriegt er seine Hand nicht mehr aus dem Krug raus. Aber er lässt seine heißgeliebte Banane nicht los, kann nicht wegrennen, und du kannst ihn mit seiner Banane in Ruhe wegtragen. Wir sind kaum klüger. Es gibt Menschen, die können nicht loslassen und verhalten sich fast genauso. Bei denen löst Großzügigkeit Schweißausbrüche aus. Aber Gott möchte, dass du mit dem Loslassen ein Stück Freiheit lernst. Das ist eine Glaubensübung. Wenn du deiner Sorge und deiner Angst einen kleinen Tritt geben kannst. Loslassen bedeutet aber nicht, resigniert zu denken: „Ach komm, lass fahren dahin, was soll's, ist ja alles sowieso bloß irdischer Krempel, brauch ich alles nicht, seufz, ich häng mein Herz nicht dran, grummel, kann ich sowieso nicht mit in den Himmel mitnehmen, also weg damit." Fröhliches Loslassen hat was mit Hingabe zu tun, nicht mit Weltverachtung. Die Triebkraft dieser Großzügigkeit ist die Dankbarkeit. Die Liebe.

Beim Geld hört die Freundschaft zu Gott nicht auf.
Da zeigt sie ihr Gesicht.
#allesnurgeborgt

Gebrauche also das Geld, als ob es nicht deins wäre, sondern nur durch deine Hände geht. Ohne dass du dich dran festhalten musst. Dann kann man es auch mal loslassen. Der Apostel Paulus hat dafür eine Regel, die eigentlich für alles gilt, was man „gut gebrauchen" kann, aber ohne sich dran zu hängen: „Tu so, als ob es gar nicht deins wäre" (vergleiche 1. Korinther 7,30). Und der Kirchenvater Augustin hat auch noch einen guten Tipp: Versuch, die weltlichen Dinge (dazu gehört das Geld) zu gebrauchen und dich an Gott festzuhalten. Nicht umgekehrt: dich an den Dingen festzuhalten und Gott dafür zu missbrauchen.

Icebreaker:

Wem aus der Runde würdest du dein Portmonee anvertrauen, damit er sonntags im Gottesdienst für dich was in die Kollekte tut?

Impulse zum Weiterdenken:

→ Redet über eure persönliche Spendenpraxis. Ohne anzugeben oder rumzueiern: Wen unterstützt du, wem gibst du was, und wann?

→ Wie gehst du damit um, wenn in der Stadt Bettler um Spenden bitten?

→ Hast du manchmal Angst, zu kurz zu kommen?

→ Kennst du das Gefühl, wenn am Ende des Geldes noch so viel Monat übrig ist?

Bibelvers zum Beherzigen:

„Wer da kärglich sät, der wird auch kärglich ernten; und wer da sät im Segen, der wird auch ernten im Segen. Ein jeder, wie er's sich im Herzen vorgenommen hat, nicht mit Unwillen oder aus Zwang; denn einen fröhlichen Geber hat Gott lieb."

(2. Korinther 9,6f.)

#38

... UND NEHMEN

Hast du eigentlich Geld, oder hat das Geld dich? Das zeigt sich daran, ob du es in großer Freiheit loslassen kannst, oder es dich nicht loslässt. Ob du es gebrauchen kannst oder du sein Diener bist und jeder Gedanke ums Geld kreist.

Es gibt aber noch etwas, das einen fröhlichen Geber auszeichnet: Wer geben will, muss erst das Nehmen lernen. Es gibt nämlich genauso viele Menschen, die nichts, aber auch gar nichts annehmen können. Die wittern hinter jedem Geschenk einen Bestechungsversuch. Die können es einfach nicht ertragen, ein Geschenk anzunehmen und damit einen Dank schuldig zu sein. Weil sie sich nämlich dann schuldig fühlen. Oder, noch schlimmer: womöglich auf die „Zuwendung" angewiesen zu sein. Du merkst den Doppelsinn: Die haben womöglich nicht nur ein Problem mit Geld, sondern auch mit der Liebe. Die können sich nicht wirklich lieben lassen. Die sagen lieber: „Das kann ich nicht annehmen." Es gibt Menschen, die können sich nicht beschenken lassen. Auch nicht von Gott. Die wollen von Gott belohnt werden. Aber nicht beschenkt. Die ertragen die Wahrheit nicht, dass sie auf Gott angewiesen bleiben. Immer. Aber deine Großzügigkeit wächst mit der Dankbarkeit. Und nicht mit der Verachtung der Gaben, die du weitergibst.

Wenn du also gibst, dann nicht mit Hintergedanken, weil du dir doch irgendwie einen Vorteil erhoffst, und wenn es der Applaus für die gute Tat ist. „Was, dir hab ich was gegeben? Hab ich mir überhaupt nicht gemerkt", das ist die Haltung, die Jesus feiert. (Matthäus 6,3) Die gleiche Haltung gilt auch für das Annehmen: Es kann nämlich passieren, dass du überraschend was zurückbekommst. Denn was passiert eigentlich mit dem Geld, wenn es in den Händen Gottes ist? Wenn du etwas von deinem Geld in Gottes Hände zurücklegst und ihn damit „arbeiten" lässt? Es wird auf jeden Fall schon mal nicht festgehalten. Es geht von Hand zu Hand. Es wird immer weitergegeben. Es entsteht auch so was wie „Mehrwert": Es trägt Früchte, sagt die Bibel, das ist was anderes als bloß Gewinn für den Eigentümer. Und irgendwann kehrt womöglich was davon zurück zu dir. Wirklich. Als Jesus mal einen reichen Teenie ziehen lassen musste, der ihm zwar nachfolgen wollte, aber seinen Luxus nicht loslassen konnte, da antwortete Petrus (Matthäus 19,27): „Siehe, wir haben alles verlassen und sind dir nachgefolgt; was wird uns dafür zuteil?" Dreiste Frage, könnte man denken. Aber Jesus hat geantwortet: „Wer Häuser oder Brüder oder Schwestern oder Vater oder Mutter oder Kinder oder Äcker verlässt um meines Namens willen, der wird's hundertfach empfangen und das ewige Leben ererben." (Matthäus 19,29) Jesus spricht von himmlischem Lohn. Aber den gibt's nicht unmittelbar. Als direkte Gegenleistung. Was zu dir zurückkommt, geschieht indirekt, weil es durch menschliche Hände geht. Es funktioniert nicht so: Du gibst Gott was, und der belohnt dich direkt dafür. Das bleibt überraschend und unberechenbar. Weil es verwandelt zu dir zurückkommt. Verwandelt in Segen, in Liebe, in Geborgenheit, in Bewahrung, in Hilfe, in Respekt, und manchmal vielleicht auch materiell.

Ich habe mal von einem gelesen, der Gott im Traum begegnet ist. Und sich freute: „Super, jetzt wird alles gut, nie mehr Probleme, jetzt hab ich das Abo auf Rückenwind im Leben." Aber statt ihn wie der Nikolaus zu beschenken, streckte Gott seine Hand aus und fragte: „Was schenkst du mir?" Wie bitte?! Ein schlechter Scherz: Gott als Bettler. Ein Reiskorn hat er ihm schließlich abgegeben. Das war noch im Portmonee. Als er sich abends noch was vom Büdchen holen wollte und die Geldbörse aufmachte, lag da ein goldenes Reiskorn im Kleingeldfach. Wie bitter: Er hatte nicht den Mut gefunden, Gott alles in die Hand zu geben. Damit er es verwandelt.

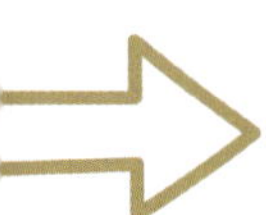

Gott kann sogar aus Geld Segen wachsen lassen. Für den Geber und die Beschenkten.

#talertalerdumusstwandern

Icebreaker:

Schenkst du lieber oder bekommst du lieber was geschenkt?

Impulse zum Weiterdenken:

→ Wie geht das: Sich lieben lassen?

→ Hast du mal erlebt, dass etwas von dem „zurückgekommen" ist, was du für andere getan hast?

→ Wenn du im Lotto gewinnen würdest, was würdest du tun?

→ Die Rede vom himmlischen Lohn ist zweischneidig, genauso die vom „Geldsegen", der angeblich ein Zeichen von Gottes Segen sein soll. Was davon ist gefährlich und was davon ermutigend?

Bibelvers zum Beherzigen:

„Gott aber kann machen, dass alle Gnade unter euch reichlich sei, damit ihr in allen Dingen allezeit volle Genüge habt und noch reich seid zu jedem guten Werk ..." (2. Korinther 9,8)

#39

GENIESSEN UND VERZICHTEN

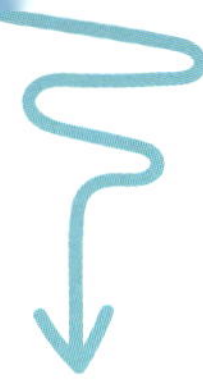

Zum christlichen Lebensstil gehört es, genießen und verzichten zu lernen. Das kannst du dir bei Jesus abgucken. Der konnte beides. Da war Jesus so was wie ein Lebenskünstler. Die Pharisäer, also die bemühten Richtigmacher, nannten ihn „Fresser und Weinsäufer." (Lukas 7,34) Einmal hat er sogar eine Party gerettet, auf der nicht mehr genug zu trinken war, und zwar nicht durch Verdünnen der Weinreste zu braver Schorle, sondern durch einen Tropfen, der den Kenner mit der Zunge schnalzen lässt! (Johannes 2) Jesus hat gefastet und Feste gefeiert. Ich kenne x Geschichten, wo Jesus von einem Fest erzählt. Und doch hat er mit leichtem Gepäck gelebt, hatte sich kein Häuschen als sichere Altersvorsorge gebaut, war sorglos wie die Vögel am Himmel, hatte nicht mal Taschengeld, war extrem gelassen. Und er hatte Improvisationstalent: Als er wirklich mal Geld brauchte, weil er Steuern nachzahlen musste, nahm er's aus dem Maul eines Fisches, den Petrus gerade geangelt hatte. (Matthäus 17,27) Es ist offensichtlich: Jesus konnte genießen und verzichten.

Beides entspringt aus derselben Wurzel. Genießen lernt nur, wer auch verzichten kann. Und umgekehrt. Sonst wird aus dir entweder ein verwöhnter Konsum-Junkie oder ein saurer Kostverächter, der den anderen den Spaß am Leben vermiest. Was kannst du besser: genießen oder verzichten? Die Jüngeren sagen vielleicht eher: „Verzichten hab ich nicht wirklich gelernt. Haben wir in der Lebensschule nicht gehabt, das Fach. Ist im Lehrplan gestrichen worden." Bei deinen Großeltern ist es vielleicht umgekehrt, weil sie früher wirklich viel entbehren mussten. Das soll aber nicht so klingen wie beim grantigen Opa, der seinen Enkeln zum tausendsten Mal erzählt: „Ihr wisst gar nicht, wie gut ihrs habt! Wir damals, wir waren schon froh, wenn wir mal an einem Schnitzel *riechen* durften! Wir hatten ja nix. Es gab ja nix." Es könnte nämlich sein, dass der deshalb nie gelernt hat, zu genießen. Weil er sich innerlich nie die Erlaubnis dazu gegeben hat. Mit der Fülle muss man nämlich auch umgehen lernen. Das merkst du spätestens dann, wenn du dir am großen Buffet beim Chinesen den Teller so vollgeknallt hast, dass dir hinterher schlecht wird. Ich habe manchmal den Eindruck, dass manche Leute genauso leben. Bloß nichts verpassen. Hast du den Satz schon mal gehört: „Man gönnt sich ja sonst nix"? Klingt wie eine Entschuldigung. Aber wer sich sonst nichts gönnt, der wird auch dann das gute Essen nicht wirklich genießen. Sondern sich damit für irgendeinen Frust entschädigen. Die Leere ausfüllen. Der genießt nicht, sondern stopft in sich rein. Und dann hat er am Ende durch den ständigen Konsum nicht Lebensfülle erlangt, sondern Leibesfülle. Wer sich sonst nichts gönnt, kann auch dann nicht wirklich gut zu sich sein. Der kann nur konsumieren, aber nicht genießen.

Genuss fängt an, wenn du dankbar bist. Und aufmerksam. Das ist das Gegenteil von Konsum. Wenn etwas für dich nicht selbstverständlich ist: Auf der Terrasse sitzen, gerade ist mal alles gut. Es ist sonnig, du hast Durst, und vor dir steht ein kaltes Weizenbier. Mit kleinen Wasserperlen außen am Glas. Oder du hörst Musik, die in dir echte Gefühle weckt. Statt dass dir die Lala aus dem Radio den ganzen Tag die Ohren volldudelt. Zum Genießen muss man nämlich innehalten. Und bewusst schmecken, fühlen, hören, sehen und riechen. Und dann ist man eigentlich schon ganz nah am Dank. Genuss und Lebensfreude können „praktizierter Dank" sein. In dem du Gottes Güte nicht nur preist, sondern wirklich genießt. Ich glaube, genießen lernt man, je mehr man die Dinge, die das Leben schön machen, ohne schlechtes Gewissen aus Gottes Hand nimmt. Und sie einen deshalb mit Gott verbinden.

Aber wenn Genuss aus echter Dankbarkeit entspringt, dann wird auch das Teilen selbstverständlich. Ohne Verlustgefühle. So gesehen ist auch das Verzichten nicht das Gegenteil von Genuss. Beide gehören zusammen. Verzichten muss genauso gelernt werden. Der Schlüssel dafür ist die Zufriedenheit. Es könnte sein, dass Verzicht zugunsten von anderen dich glücklicher macht, als wenn du vorne und hinten den Wohlstand eingetrichtert bekommst. Frag deine Eltern mal, auf was die verzichtet haben, und zwar gerne, damit ihre Kinder Geborgenheit hatten. Oder damit die dementen Eltern gepflegt werden konnten. Das liegt daran, dass dich der Heilige Geist davon befreit, immerzu an dich denken zu müssen. Und du glücklicher bist, wenn du nicht mehr damit beschäftigt bist, immerzu an deine eigene Selbstverwirklichung zu denken. Wenn du keine Angst mehr haben musst, ob du vielleicht im Leben doch irgendwas verpasst. Verzicht entsteht also nicht durch Zwang, sondern aus der inneren Freiheit. Weil du mit leichterem Gepäck unterwegs bist und dein Herz nicht mehr bleischwer an all den Sachen hängt. Verzicht entspringt aus derselben Wurzel wie der Genuss. Es ist die Verbundenheit mit Gott, die dich beides lehrt.

Verzichten und Genießen lernst du, wenn du beides aus Gottes Hand nehmen kannst. Wenn du Gottes Güte und Führung in beidem entdeckst. Und beides dich stark macht: Dann bringt dich Entbehrung in die Nähe zu Gott und er-

Dankbarkeit und Zufriedenheit sind die Schlüssel. Zur Freiheit, genießen und verzichten zu können.

#manchmalistwenigermehr

innert dich daran, wie angewiesen du auf Gott bleibst, und der Genuss und die Lebensfreude lenken dich nicht ab, sondern werden für dich zur Vorgeschmack auf den Himmel. Das ist mehr als bloß zu sagen: „Man muss im Leben eben alles so nehmen, wie es kommt."

Und beides gehört schließlich in einen Rhythmus: Erst in der Folge, wo nach dem Fasten die Feste kommen, kann man den verschwenderischen Überfluss auch genießen, denn Gott knausert mit seinen Gaben nicht. Du musst nicht immer Maß halten. Wie öde und wie brav! Stattdessen mit Kater vom Samstagabend in den Gottesdienst am Sonntagmorgen gehen: Das wär's! Und deinen Banknachbarn anbrummen: „Kannste nicht ein bisschen leiser ‚Lobe den Herren' singen? Muss das so laut sein?"

Icebreaker:

Welcher Typ bist du am Buffet? Der „Teller-voll-Stapler" oder der „x-mal-Geher"?

mpulse zum Weiterdenken:

- **Was kannst du besser: genießen oder verzichten?**
- **Beim Besuch im Freizeitpark: Was macht es mit dir, wenn du nicht auf jedem Fahrgeschäft warst?**
- **Schon mal gefastet? Welche Erfahrung hast du gemacht?**
- **Stell dir vor: Ohne Handy mit nur einem Euro in der Tasche von Berlin aus nach Hause kommen. Abenteuer oder Horrorvision?**

Bibelvers zum Beherzigen:

Paulus schreibt: „Ich sage das nicht, weil ich Mangel leide; denn ich habe gelernt, mir genügen zu lassen, wie's mir auch geht. Ich kann niedrig sein und kann hoch sein; mir ist alles und jedes vertraut: beides, satt sein und hungern, beides, Überfluss haben und Mangel leiden; ich vermag alles durch den, der mich mächtig macht."

(Philipper 4,11ff.)

#40

WAHRE FREIHEIT

Verzichten und Loslassen, Geben und Lieben, all das gelingt nicht durch Druck und Zwang, sondern muss in Freiheit geschehen. Diese Freiheit ist auch ein Geschenk des Heiligen Geistes. Und keine Kraftanstrengung. „Wo aber der Geist des Herrn ist, da ist Freiheit“ (2. Korinther 3,17), freut sich Paulus.

Aber welche Freiheit ist hier gemeint, wenn der Lebensstil von Christen damit gekennzeichnet ist? Freiheit ist ziemlich zweischneidig. Sie kann dich am Ende zum Egoisten machen. Oder sie befähigt dich zur Hingabe. Freiheit ist ziemlich relativ. Wenn du die Fülle der Lebensmöglichkeiten vor dir siehst, und du kannst alles haben, dann schlägt plötzlich die Freiheit in Stress um: Dann musst du dir so viel wie möglich nehmen! Du musst aus deiner Freiheit was machen! Aber du hast nur die Wahl, *was* du dir aussuchst. Aber nicht, *ob* du das alles wirklich brauchst. Viele Leute haben genau diese Illusion von Freiheit und verteidigen sie mit Zähnen und Klauen: die Wahlfreiheit! Und wenn die Auswahl noch so bescheuert ist. Du kannst zwischen 100 Fernsehkanälen wählen, bei YouTube kannst du gar nicht so schnell gucken, wie neue Clips hochgeladen werden, du hast scheinbar die Möglichkeit, alles aus deinem Leben machen zu können, und am Ende bleibt man doch im Fernsehsessel sitzen, weil man sich ja sonst entscheiden müsste. Bei der „Partnerwahl“ ist es genauso: Man meldet sich auf dem Datingportal an, aber man schafft es einfach nicht mehr sich zu binden. Denn das ist angeblich ja das Gegenteil von Freiheit.

Zwei Gefangene sitzen im Knast, fragt der eine den andern: „Sag mal, bist du eigentlich verheiratet?“ – „Nee, bin ich verrückt, ich geb‘ doch meine Freiheit nicht auf!“ Da begegnet sie dir, die Vorstellung von Freiheit, die Illusion der Unabhängigkeit. Selbst bestimmen zu können. Und auch zu müssen. „Frau Lehrerein, müssen wir heute wieder machen, was wir wollen?“ Dabei fängt echte Freiheit erst an, wenn du nicht mehr wählst, sondern dich entschieden hast. Und dich festlegst. Selber, aus freien Stücken. Sag mal, wer ist eigentlich freier: Einer, der alles hat und alles kann und nichts und niemanden braucht, der also total unabhängig ist; oder einer, der sich nicht mehr selbst ins Zentrum rückt, sondern anderen dienen kann? Ist also der Mächtige freier – oder der Liebende? Das ist die Frage! Wenn ich mir Jesus ansehe, ist die Sache eigentlich klar. Als ihm der Teufel die große Freiheit als totale Macht anbot, hat er ihn in die Wüste geschickt und lieber die Abhängigkeit von Gott genommen. (Matthäus 4,1-11) Die Freiheit, die ich bei Jesus erkenne, ist eine, die sich in der Zuwendung zu anderen zeigt. Seine Freiheit ist frei von allem Selbstbestimmungs-Egoismus, auch gegenüber Gott. Denn auch da geht es im Endeffekt doch wieder um eine Machtfrage zwischen mir und Gott: Sein Wille – oder meiner. Im Grunde ist diese Freiheit eine Verkleidung dafür, was die Bibel Sünde nennt. Und davon war Jesus völlig frei. Und konnte beten: „Dein Wille geschehe." Gehorsam und Freiheit waren bei ihm keine Gegensätze. Natürlich: Gehorsam ohne Freiheit wäre schlicht Sklaverei. Aber Freiheit ohne Gehorsam ist nichts anderes als Willkür. Bei Jesus waren Freiheit und völlige Hingabe jedenfalls kein Widerspruch. Und zwar deshalb, weil erst die Liebe echte Freiheit möglich macht: Eine Mutter, die sich aus Liebe für ihre Kinder zurücknimmt, hat sich frei entschieden und zugleich ganz gebunden. Und erst in dieser Geborgenheit erfahren Kinder Freiheit und können sich entfalten und Selbstvertrauen entwickeln. Nicht in der Haltlosigkeit, wo man sich selber überlassen bleibt. Freiheit entsteht erst in der Verbindlichkeit der Liebe. Und hier liegt wirklich der Grund deiner Freiheit: Weil unsere Freiheit daher kommt, dass Gott sich in Jesus an uns gebunden hat!

Nicht Macht macht dich frei, sondern Liebe.

#liebemussdabeisein

Icebreaker:

Kannst du dich schnell entscheiden? Wenn du im Restaurant auf die Speisekarte guckst? Oder musst du erst das ganze Menü komplett gelesen haben?

Impulse zum Weiterdenken:

→ Welche Gedanken löst bei dir die Vater-Unser-Bitte: „Dein Wille geschehe" aus? Schon mal drüber nachgedacht?

→ Freiheit und Gehorsam gehören zusammen: Überlegt, wie dieser Gedanke missbraucht werden kann!

→ Kennst du noch mehr Beispiele dafür, wie die Liebe einen frei macht?

Bibelvers zum Beherzigen:

„Wo der Geist des Herrn ist, da ist Freiheit."
(2. Korinther 3,17)

#41

GOTT GEHÖREN. WOLLEN.

Die Frage ist nicht: Wie frei bin ich eigentlich wirklich, also mein Wille, meine Wahl? Sondern: Wie *werde* ich eigentlich frei? Wer befreit mich? Kann ich und muss ich mich selbst befreien und mir die eigene Macht nehmen, oder ist das gerade der tiefste Grund für meine unbemerkte Unfreiheit? „Gefangen? Ich? So ein Unsinn", meint der Hamster im Käfig. „Ich bin doch immer unterwegs! Und jetzt muss ich los, sonst komme ich heute nicht mehr an", sagt er und trippelt aufs Hamsterrad. Die eigene Selbstbestimmung ist jedenfalls Pflicht heutzutage. „Mein Wille geschehe!" heißt die Parole, und sie klingt nicht zufällig wie die Umkehrung der Vaterunser-Bitte. Und wenn du dir dein Leben dann genommen hast, dann gehört es am Ende auch niemand anderem, der es noch festhalten kann. Dann entpuppt sich diese Freiheit als Haltlosigkeit, und ist nichts anderes als der freie Fall. Der englische Autor C. S. Lewis hat mal gesagt: „Das Grundgesetz der Hölle lautet: ‚Ich gehöre mir selbst'".

Aus dieser Selbstbezogenheit hat uns Gott befreit! Und zwar, indem er sich an uns gebunden hat! Das ist doch das Ziel der Jesusgeschichte: Seine Liebeserklärung an die Welt geht so weit, dass er sein Leben gegeben hat, damit wir eins haben, das nicht mehr an den Tod verpfändet ist! Als wäre er für uns ins Gefängnis gegangen, damit wir frei sein können. Ich meine frei aus dem Gefängnis, in das unser Egoismus uns immer wieder einschließt! Jesus hat uns seine Freiheit geschenkt und hat sich dafür in unser Gefängnis werfen lassen! Er hat uns freigekauft, und der Preis dafür war, sich selber gefangen nehmen zu lassen. Das ist die Grundbedeutung von „Erlösung": freigekauft zu sein. Seitdem gehören wir ihm. Er hat für uns bezahlt. Und diese Bindung ist keine neue Sklaverei, sondern besteht in der Liebe und macht einen in Wahrheit frei.

In dieser Freiheit, die kein Egoismus ist, kommst du nicht mehr immer wieder bloß bei dir selber an, wenn du nach Halt suchst. Und bleibst mit dir selber allein, weil du dich nicht loslassen kannst. Du wirst gehalten und musst dich nicht selber bewahren und retten und auf dich aufpassen. Du gehörst dir nicht mehr selber, sondern Gott. Und in seinen Willen kannst du deinen eigenen Willen einschließen, der ist da gut aufgehoben. Der wird nicht ausgelöscht, sondern integriert in den Willen Gottes. Der will für dich das Beste und wünscht sich, dass auch bei dir Gehorsam und Freiheit keine

Gegensätze sind, sondern in der Liebe zusammenfinden. So wie bei Jesus. Diese Bindung an Jesus macht dich frei. Nicht Eigenmächtigkeit macht dich frei. Nicht Arbeit macht dich frei. Die Liebe macht dich frei.
Und das hat Auswirkungen auf deinen Lebensstil: Das macht dich innerlich unabhängig und zugleich bindungsfähig. Du bist nicht abhängig vom Urteil der anderen und musst immerzu gucken, ob du genug Likes bekommst. Zugleich kannst du dich aber gerade deshalb anderen wirklich zuwenden! Weil's nicht immer bloß um dich geht. Dann kannst du anderen selbstlos dienen und bist gerade darin frei.

Diese Liebe in Freiheit macht einen angstfrei. Gegenüber Gott genauso wie gegenüber Menschen. (Römer 8,15) Sie vertreibt zugleich deine Furcht vor den anderen, was sie über dich denken, wo du dich immer anzupassen versuchst. So macht der Heilige Geist dich im guten Sinne unbeugsam, und du krümmst dich nicht bei Gegenwind. Sondern kannst sagen: „Man muss Gott mehr gehorchen als den Menschen." (Apostelgeschichte 5,29) Das meint Petrus, als man ihn unter Druck zu setzen versucht; also der, der am Abend vor Karfreitag noch ängstlich sein Fähnchen in den Wind gehängt hat! Diese Angstfreiheit haben Christen, weil sie nicht mehr sich selbst gehören.

Das macht dich auch frei von allen Machtspielchen. Wer wirklich frei ist, der muss nicht mehr in Kategorien von Oben und Unten denken. Der muss um seine Anerkennung nicht mehr kämpfen. Und sich auf Kosten anderer größer machen als er ist oder aufs eigene Image achten. „Wer groß sein will unter euch, der soll euer Diener sein" (Markus 10,43), hat Jesus mal gesagt.

Du gehörst Gott. So komisch das klingt:
Das ist der Grund für deine Freiheit.
#angstfrei

Also: Wen der Heilige Geist frei macht, kann anderen dienen, braucht keine Angst zu haben, hat die blöden Machtspielchen und den Zickenkrieg hinter sich, hat ein weites Herz und ist freigiebig. Die Bindung an Jesus macht dich frei. Sie macht dich nicht lässig, aber gelassen. Nicht übermütig, aber mutig. Nicht träge, aber tragfähig. Das ist also die Freiheit, die der Heilige Geist einem schenkt. In der Beziehung zu Jesus bin ich endlich so frei, wie ich es mir von meiner eigenen Selbständigkeit erhofft hatte. Und ich lebe in der Freiheit so verbindlich, wie es keine Unfreiheit hätte erzwingen können.

Icebreaker:

Was gehört für dich zur „inneren Freiheit"? (Alternative: Wer oder was kann dich mal?)

Impulse zum Weiterdenken:

- → **Aus welchem Gefängnis musst du befreit werden?**
- → **Findet ihr weitere Beispiele für „evangelische Freiheit"?**

Bibelvers zum Beherzigen:

„Denn wenn wir leben, leben wir für den Herrn. Und wenn wir sterben, dann sterben wir für den Herrn. Ob wir also leben oder ob wir sterben – immer gehören wir dem Herrn! Denn das ist der Grund, warum Christus gestorben ist und wieder lebendig wurde: Er sollte der Herr sein über die Toten und die Lebenden."

(Römer 14,8f. BB)

#42

BETEN UND ARBEITEN

Der Lebensstil, den ich dir die ganze Zeit beschreibe, hat zwei Pole, wie einatmen und ausatmen: Gott lieben und deinen Nächsten. Nicht bloß nehmen, sondern geben. Genießen und verzichten. Frei sein und dienen. Beten und Arbeiten. Und das eine nicht gegen das andere ausspielen. Diesen Zusammenhang möchte ich dir jetzt erklären. Die Regel „bete und arbeite“ kommt aus dem Kloster. Keine Bange, das bedeutet nicht: früh aufstehen, Hagebuttentee trinken, außer Beten und Arbeiten gibt's nichts, und abends geht es früh ins Bett. Diese Grundregel für den christlichen Lebensstil geht auf den Gründer des Benediktiner- Ordens, Benedikt von Nursia, zurück, und bedeutete ursprünglich mal: Wenn du betest und arbeitest, dann ist Gott bei dir. In beidem. Und durch beides. Das ist eine Lebens-Grundregel, nicht bloß für Klosterbrüder und Diakonissen, sondern für jeden. Diese Kombination aus sinnvollem Tun und einem geregelten Gebetsleben macht einen gelassen und zufrieden, sagt der Kirchenvater. Ist aber auf den zweiten Blick doch nicht so einfach. Das kann eine Befreiung sein. Das kann aber auch richtig nach hinten losgehen. Wer das in den falschen Hals kriegt, wird sein schlechtes Gewissen dabei nie los. Dann ist die Regel „bete und arbeite“ ein ständiger Antreiber.

Man kann dabei nämlich auf beiden Seiten vom Pferd fallen: Die einen fangen an zu arbeiten und kommen nie zum Beten. Ein bisschen so wie die Martha, die Freundin von Jesus (Lukas 10,38-42): Jesus kommt zu Besuch, „Mensch, Jesus, du mal wieder bei uns zu Besuch, toll, komm, setz dich, ich mach uns was zu essen!“ Und dann fängt Martha an zu rödeln. Für ihren Jesus. Den sie liebt und dem sie das auch zeigen möchte. Schnappt sich die Dreckwäsche von ihm, fängt auch noch an, die Bude zu schrubben, muss doch alles picobello sauber sein, wenn er da ist, backt Pizza, wuselt überall rum und sieht Jesus kaum noch durch den Staub, den sie aufwirbelt. Als sie dann aber ihre Schwester Maria währenddessen bei Jesus sitzen sieht, wie die ihrem Schwarm, ihrem Heiland zuhört und an seinen Lippen hängt, wird sie zickig und giftet Jesus an: „Du könntest der Prinzessin zu deinen Füßen auch mal sagen, dass sie mit anpacken soll.“

Bist du eine Martha? Das sind die, die die Arbeit sehen. Und können sie nicht liegen lassen und sich auf die Schippe stützen und erst mal Pause machen.

Die sehen die vielen Katastrophen und die Ungerechtigkeit, die zum Himmel schreit. Und wollen was ändern. Mit guten Gründen, die beim ersten Hören plausibel klingen: „Ich kann doch nicht Lobpreislieder singen, wenn da draußen Flüchtlinge im Meer ertrinken! Das ist doch Heuchelei!" Aber dann kann man irgendwann überhaupt nicht mehr beten, weil man nie wirklich fertig wird. Und immer die Befürchtung hat, das eigene Beten wäre bloß der Ersatz fürs nötige Engagement. Fürs Handeln. Immer bleibt was zu tun. Als müsstest du anstelle von Gott die Welt retten und auch noch das schlechte Wetter reparieren! Aber nicht *mit* ihm.

Sondern *für* ihn. An seiner Stelle. Nach der Devise: „Christus hat keine Hände, nur unsere Hände". Aber da erkennst du nicht mehr, wo Gott an der Arbeit ist und freust dich, dass er dich gebrauchen kann auf seiner Baustelle. Sondern du arbeitest wie besessen. Du willst die Hand und der Fuß und der Mund von Jesus sein. Dabei schubst du ihn eher beiseite, weil du alles alleine machst. Dabei ähnelst du aber eher dem Sisyphos aus der griechischen Sage, der seinen Stein unermüdlich auf diesen Berg rollt, nur damit der dann wieder ins Tal kullert. Dann ist klar, dass du nie fertig wirst. Nie ist es genug. Du kommst nie ans Ziel, wo Gott auf dich wartet. Man kann also arbeiten und dabei das Beten vergessen, oder nie dazu kommen. Da überschätzt man sich zuerst, und dann landet man irgendwann in der Verzweiflung.

Deshalb muss beides zu seinem Recht kommen. Darum geht's im nächsten Kapitel.

Beten und Arbeiten gehören zusammen wie Einatmen und Ausatmen.
#rabottirabotti

Icebreaker:

Kannst du Pause machen, wenn du viel zu tun hast? Und wie sieht sie aus, deine Pause?

Impulse zum Weiterdenken:

→ Bist du eher eine Martha oder eine Maria?

→ Von Dietrich Bonhoeffer, einem Theologen, der gegen die Nazis gekämpft hat, soll der Satz stammen: „Nur wer für die Juden schreit, darf auch gregorianisch singen!" Was stimmt an dem Satz und was nicht?

→ „Christus hat keine Hände, nur unsere Hände" heißt die Parole der Engagierten. Was ist daran richtig und was nicht?

Bibelvers zum Beherzigen:

„Wenn der Herr nicht das Haus baut, so arbeiten umsonst, die daran bauen. Wenn der Herr nicht die Stadt behütet, so wacht der Wächter umsonst. Es ist umsonst, dass ihr früh aufsteht und hernach lange sitzet und esset euer Brot mit Sorgen; denn seinen Freunden gibt er es im Schlaf." (Psalm 127,1f.)

#43

BETEN UND ARBEITEN. MIT GOTT.

Wer anstelle von Gott rödelt, wird nie fertig und kommt nie zum Beten. Aber man kann, wie gesagt, auch auf der anderen Seite vom Pferd fallen: Du kannst nicht ernstlich beten, ohne draus Konsequenzen zu ziehen. „Lass Gott mal machen", das kann auch bedeuten, dich hinter deinem Gottvertrauen zu verstecken. Es gibt so eine bequeme Art zu glauben, die findet sich zwar unheimlich vertrauensvoll, ist aber in Wirklichkeit nicht gelassen, sondern lässig. Da hat einer gelernt, dass man Gott nichts zurückzuzahlen braucht, wenn er dir einen neuen Anfang schenkt, dass man die Welt nicht alleine retten muss, weil Jesus das schon getan hat, und dass das Reich Gottes keinen Tag früher kommt, wenn ich wie bekloppt reinhaue. Alles richtig.

Aber irgendwann ist davon nur noch ein bequemes „Papa wird's schon richten" übrig. Da wird aus dem Gebet eine Lobpreis-Hängematte. Da ist Beten womöglich der Ersatz fürs Anpacken. Aber so wirst du Gott nicht bei der Arbeit sehen, wenn du nicht selber dabei bist. Gottes Handeln eignet sich nicht zum Zugucken. Und so kann man Gott auch nicht hören: Du kannst Gott nicht zuhören, ohne auf ihn zu hören. Ohne ihm auch zu gehorchen. Du kannst Gott nicht anhimmeln, ohne mit ihm in die gleiche Richtung zu sehen. In der Bergpredigt sagt Jesus zum Schluss: „Nicht jeder, der zu mir sagt: ‚Herr, Herr!', wird ins Himmelreich kommen, sondern nur, wer den Willen meines Vaters im Himmel erfüllt. (...) Wer also meine Worte hört und danach handelt, ist wie das Schweinchen Schlau, das sein Haus auf Felsen baut." (Vergleiche Matthäus 7,21ff.)

Du kannst also nicht, ohne zu beten, arbeiten und was verändern. So endest du entweder in der Verzweiflung oder du hältst dich für den King of Kotelett: „Ohne mich und die kleinen Kartoffeln müsste die ganze Welt große essen." Aber du kannst auch nicht beten, ohne zu arbeiten. Arbeite also so, dass du nicht Gott ersetzen willst, sondern dich von ihm an den richtigen Platz stellen lässt. Und bete deshalb auch so, dass dein Beten nicht bloß Gott in Bewegung setzen will, sondern dich hellhörig dafür macht, was Gott von dir will. Und dann tu, was dir gerade vor die Füße fällt. Dann kannst du auf einmal beten und arbeiten, und du guckst nicht mehr auf dich, sondern vertraust darauf, dass Gott alles zum Guten führt. Im Grunde heißt das nichts weiter, als wirklich wie im Vaterunser zu beten: „Dein Reich komme."

Das ist aber immer noch nicht alles. Es geht nämlich in deinem Leben nicht einfach bloß darum, beides zu addieren: „Tu das eine und lass das andere nicht." Du musst lernen, wann das eine und wann das andere dran ist. Wie bei Maria und Martha aus dem letzten Kapitel. Weißt du, was Jesus geantwortet hat, als Martha so rumzickte? „Du hast viel Sorge und Mühe. Eins aber ist not. Maria hat das gute Teil erwählt; das soll nicht von ihr genommen werden." (Lukas 10,41f.) Wer aber aus der Antwort jetzt schließt: Beten ist immer wichtiger als Arbeiten, der hat's noch nicht. Der Witz ist zu merken, wann was dran ist. Und du musst lernen, Reden und Handeln ins richtige Verhältnis zu bekommen, und zwar bei Gott *und* bei dir!

Dann ergibt sich ein Rhythmus von Beten und Arbeiten, der keinen überfordert. Martin Luther hat mal gesagt: „Wenn ich viel zu tun habe, muss ich viel beten." Am Anfang hört sich das so an, als müsste man den Druck sogar noch erhöhen, dann hat man nicht bloß eine To- do-Liste, die kein Ende nimmt, sondern auch noch eine Liste mit Gebetsanliegen, die immer länger wird, dann muss man noch schneller arbeiten und noch intensiver beten und noch besser funktionieren, um alles irgendwie unter einen Hut zu kriegen, Familie, Glauben, Arbeit, Gemeinde und Gesundheit... Dabei ist die Regel ein guter Gradmesser, wann es zu viel ist: Wenn du es nicht mehr schaffst, so viel zu beten, dass du noch mitkriegst, wo Gottes Baustelle wirklich ist und dein kleiner Job beim Kommen des Reiches Gottes, dann tritt auf die Bremse. Wenn ich viel zu tun habe, muss ich deshalb viel beten, weil ich mein Tun in Gottes Wirken einsortieren muss, damit ich nicht mit dem Hintern einreiße, was Gott mit den Händen aufbaut. Alles, was du über deine Kraft tust, tust du nicht für Gott.

Rede mit Gott und handle mit ihm.
Nicht an ihm vorbei.
#gelassenabernichtlässig

So. Bevor dir jetzt die Ohren klingeln und du mit glasigem Blick fragst: „Wie war das jetzt im Mittelteil?“, gebe ich dir die Zusammenfassung. Die ist von Hudson Taylor, China-Missionar im 19. Jahrhundert: 1. Du kannst ohne zu beten arbeiten. Aber das ist eine schlechte Idee. 2. Du kannst nicht ernstlich beten, ohne zu arbeiten. 3. Sei nicht so beschäftigt mit der Arbeit für Christus, dass du keine Kraft mehr zum Beten übrig hast. Denn echtes Gebet erfordert Kraft.

Bist du lieber im Gottesdienst oder da, wo man anpacken muss?

Impulse zum Weiterdenken:

- → **Wie findest du die Antwort von Jesus an Martha?**
- → **Was stimmt an dem Satz: „Bete, als ob alles Handeln nichts nützen würde, und handle, als ob alles Beten nicht helfen würde“? Und was nicht?**
- → **Wie würdest du die Vaterunser-Bitte „Dein Reich komme“ in Normaldeutsch übersetzen?**
- → **Wie kriegst du Glauben und Arbeit, Religion und Geschäftliches unter einen Hut? Leidet das eine bei dir unter dem anderen?**

Vers zum Beherzigen:

Diesmal kein Bibelwort, sondern ein cooler Vers von Nikolaus Ludwig Graf von Zinzendorf, dem Gründer der Herrnhuter Brüdergemeinde:

„Merk, Seele, dir dies große Wort: Wenn Jesus winkt, so geh. / Wenn Jesus zieht, so eile fort. Wenn Jesus hält, so steh. / Wenn er dich aber brauchen will, so steig in Kraft empor. / Wird Jesus in der Seele still, so nimm du auch nichts vor.“

#44

STARK UND SCHWACH SEIN

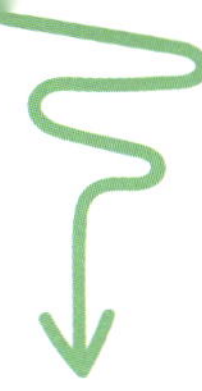

„Du musst stark sein und schlau. Am besten beides. Und gut aussehen." Das wird dir überall eingetrichtert, seit du nicht mehr am Daumen nuckelst. Das ganze Leben ist eine einzige Castingshow. Aber die Logik deines Glaubens widerspricht in vielem dem, wie man sonst lebt. Und trotzdem haben viele auch im Glauben die Erwartung, dass es immer irgendwie „voran" geht, dass man mehr kapiert, die Sachen besser macht, erfahrener wird. Eben „stärker". Aber daran scheint Gott überhaupt nichts zu liegen. Diejenigen, die im Glauben alles richtig zu machen versuchten, die sogenannten Pharisäer, sitzen im Himmel hinterher nicht weiter vorne. Sondern die seitlich Umgeknickten, die nicht viel vorzuweisen hatten, die hat Jesus beglückwünscht. (Matthäus 5,3-11) Wer den Lebensstil von Jesus einüben will, wird offensichtlich nicht einfach stärker. Im entscheidenden Moment, im Garten Gethsemane und am Kreuz, da war Jesus gerade nicht stark, sondern total schwach.

Der Apostel Paulus übrigens auch. Statt von seinen Vorzügen zu erzählen, hat der einer ziemlich arroganten Gemeinde mal geschrieben: „Mit mir könnt ihr nicht angeben: Ich bin krank. Und nur begrenzt vorzeigbar. Manchmal haut es mich um, ich kriege einen epileptischen Anfall, habe Schaum vor dem Mund und weiß hinterher nicht mehr, wo ich war. Ich habe Visionen, womit andere zum Arzt gehen. Ich dachte immer: Das sind doch alles Hindernisse für meine Aufgabe. Ich stolpere mich hier durchs Leben. Warum stärkt Gott mich nicht? Ich habe manchmal den Eindruck, je näher ich ihm komme, desto schwächer werde ich! Ich dachte immer: Wenn's mir doch bloß besser ginge, dann könnte ich viel mehr bewirken, dann wäre ich überzeugender. Aber Jesus hat mir gesagt: Erwarte von mir nicht, aus dir einen Superhelden zu machen, wenn du mein Botschafter sein willst: Ich will dich nicht perfektionieren. Es reicht völlig, was du mit deinen Grenzen schaffst. Ich habe auch eine Schwäche: für dich. Und deine Schwäche bringt meine Gnade zum Leuchten. Denn meine Kraft kommt in der Schwäche zum Ziel." (Lies mal nach: 2. Korinther 11,16-12,10.)

So ist Gott, und so wirkt er: Die Welt wird nämlich nicht durch Macht erlöst. Die Schuld wirst du nicht durch Anstrengung los. Menschen, die sich an Jesus festhalten, sind dadurch nicht stärker, nicht besser und nicht klüger. Wenn das stimmt, dass du Gott ins Herz sehen kannst, wenn du Jesus am Kreuz siehst, dann ist nicht die Stärke das, was uns zum Ziel bringt. Dann ist auch

Gott nicht einfach die Stärke schlechthin, die Klugheit, und das Schöne: also meine Wunschvorstellungen, ins Unendliche aufgeblasen. Dann ist auch das ganze religiöse „Besserwerdenwollen", das ganze „schneller, höher, weiter" im Leben und im Glauben eine große Lebenslüge. Wer um Erfolg betet, und zwischen den Zeilen steht eigentlich: „Gib unseren vereinten Anstrengungen zur Verbesserung unserer Gemeinde und der gesamten Menschheit doch das i-Tüpfelchen an gutem Willen bei den Menschen, das noch fehlt, gib unseren Plänen das Quäntchen Glück, das der Tüchtige braucht", der hat Gott noch nie am Werk gesehen. Gott vollendet und krönt nicht unsere Anstrengungen. Er nimmt uns die Eigen-Mächtigkeit, damit wir seine Macht bekommen: wahre Vollmacht. Er nimmt uns die Selbstgerechtigkeit, mit der wir uns gegen alles verteidigen, damit es uns genügt, was Jesus für uns getan hat.

Wenn Gottes Kraft in der Schwäche besonders wirkt, dann kannst du auch mit deiner Schwäche anders umgehen. In ihr liegt nämlich Potential und nicht nur Defizit. Ich erkläre dir, wie: Die größte Schwäche der Stärke ist nämlich, bloß an die eigene Kraft zu glauben: „Ich brauche nichts und niemanden. Ich bin der Held und kann alles alleine." Mit nichts kannst du dich selber besser betuppen, als mit der Illusion, auf niemanden angewiesen zu sein. Diese Art von Stärke ist für Gott ein größeres Hindernis als deine vermeintlichen Schwächen! Ich glaube sogar, dass Gott gerade mit Schwächen besonders gerne arbeitet. Dann werden in deinem Alltag aus manchen Verlegenheiten vielleicht sogar Gottes Gelegenheiten. Das kann dir wirklich ein neues, ein anderes Selbstbewusstsein geben. Das nicht mehr aus deiner Stärke kommt und jedes Mal einen Knacks kriegt, wenn du mal schwach wirst. Am Ende kann Gott sogar mit deiner völligen Machtlosigkeit was anfangen. Mit deiner Krankheit. Sogar mit deiner Schuld. Wenn du sie ihm gibst und nicht für dich behältst.

Was wir so für Stärke und Schwäche halten, sieht aus dem Blickwinkel Gottes noch mal anders aus. Stärke wird nicht bestimmt durch das, was du kannst und machst, sondern davon, wie viel Raum für Gottes Wirken ist. So wie in dieser kleinen Szene: Ein junger Novize im Wüstenkloster hat die Krise. „Es

Weil Gottes Wesen die Liebe und nicht die Macht ist, liegt seine Stärke in der Schwäche. Und gewinnt am Ende, statt zu besiegen.
#schwachwerden

ist öde und leer in meinem Inneren. Wie finde ich neue Lebenskraft?", beichtet er seinem Lehrmeister. Der gibt ihm einfach ein altes rostiges Gefäß mit der Anweisung, täglich zur Quelle zu gehen und Wasser zu holen. Das scheint eine total frustrierende Aufgabe zu sein, weil die Schale undicht ist. Der Schüler kapiert nichts, geht aber jeden Tag zur Quelle, doch seine Zweifel wachsen, und sein inneres Gemecker auch.

Aber dann sieht er, wie das Gefäß neu leuchtet: Das Schöpfen hat den Rost gelöst. Und dann sieht er den grünen Streifen im Sand: Das verlorene Wasser hat die Wüste begrünt! So arbeitet Gott: durch Fehler und durch Schwäche, durch das Unperfekte und Zerbrochene vollendet er die Welt. So kommt Gott ans Ziel. Nicht mit Power, sondern mit Geduld und mit Liebe.

Icebreaker:

Schaffst du es, dein peinlichstes Missgeschick zu erzählen? (Alternative: Wofür hast du eine Schwäche?)

Impulse zum Weiterdenken:

- → **Könnt ihr über eure Schwächen reden, ohne dass das so krampfhaft wie im Bewerbungsgespräch ist, wo man die eigenen Schwächen geschickt als heimlichen Vorteil verkauft?**
- → **Im normalen Leben wird Schwäche meistens sofort ausgenutzt. Wie kannst du dich davor schützen?**
- → **Kennst du Beispiele, wo aus Fehlern oder Missgeschicken überraschend was Tolles geworden ist?**

Bibelvers zum Beherzigen:

„Lass dir an meiner Gnade genügen; denn meine Kraft vollendet sich in der Schwachheit." (2. Korinther 12,9)

#45

GELIEBT UND SÜNDER ZUGLEICH

Die Liebe Gottes ist geschenkt. Nicht verdient. Du bist geliebt. Einfach so. Tausendmal hast du das schon gehört, so oft, dass es schon öde wird: „Jesus loves me, this I know, for the bible tells me so." Gähn. Geht's nicht bald mal weiter? Was kommt denn noch?

Aber dieses Geschenk, das du jeden Tag wieder neu bekommst, soll nicht langsam immer selbstverständlicher und billiger werden. Weil man sonst wieder der alte Egoist wird, der heimlich glaubt, er käme auch ohne Gott gut zurecht. Und der sich selber mittlerweile für so toll hält, dass er eigentlich Gottes Vergebung gar nicht mehr braucht. Aber hinter dem großen Glauben und dem vorbildlichen Leben steckt manchmal ein Riesenhaufen Arroganz. „Balken im eigenen Auge? Nie gesehen", sagt der selbstgerechte Richtigmacher. (Matthäus 7,3)

Du bleibst auf die Liebe Gottes angewiesen. Wie groß diese Liebe ist, die Gott dir schenkt, kriegst du erst wieder mit, wenn du in den Abgrund schaust, der dich ohne diese Liebe von Gott trennen würde. Darum geht es jetzt: um die Sünde. Um diesen Abgrund. Sünde ist nicht zuerst, was du alles Schlimmes tust. Sie ist die Wurzel von allem: die Liebe, die dir fehlt, ohne Gott. Wenn du versuchst, ohne Verbindung zu Gott klarzukommen. Das Kapitel über die Sünde kommt deshalb erst jetzt, damit nicht der Eindruck entsteht, als hättest du die Sünde irgendwann hinter dir gelassen. Irgendwann mal kapiert, wie Christsein geht, du lebst deinen Glauben und alles klappt von selbst. Und läuft von alleine. Als ob du ab da Gott nicht mehr bräuchtest, vor allem seine Vergebung nicht. Es hat aber einen guten Grund, dass Christen in jedem Vaterunser beten: „Vergib uns unsere Schuld". Nicht nur einmal und dann nicht wieder, sondern jeden Tag. Die Lebenserfahrung erzählt nämlich andere Geschichten: von Menschen, die mit den besten Absichten und womöglich mit dem größten Glauben trotzdem Schuld auf sich laden. Von Mädchen, die liebenswürdig und freundlich sind, und dann haben sie sich trotzdem am Mobbing in der Schulklasse beteiligt. Ohne sich groß was dabei zu denken. Oder von engagierten Jungs, die sich überall für Gerechtigkeit einsetzen, aber zu Hause bei den Eltern arbeitet eine Putzhilfe aus Osteuropa. Und die wird behandelt, als wäre sie Luft. Und kriegt nicht mal Mindestlohn. Das ist nicht einfach Scheinheiligkeit. Beides stimmt: das Gute und das Abgründige. Jeder von uns trägt solche Widersprüche mit sich rum.

Klar kann man versuchen, sich zu bessern. Aber dann haut man an anderer Stelle daneben. Natürlich ist das keine Entschuldigung: „Tut mir leid, ich kann halt nicht anders." Man kann auch anders handeln. Du kannst jede Sünde sein lassen. Aber was du nicht sein lassen kannst, das ist ein Sünder zu sein. Egal wie gläubig du bist. Die Sünde lässt sich nicht aus eigener Kraft überwinden, wenn man sich nur genug anstrengt und immer heiliger wird. Im Gegenteil. Je näher du Gott kommst, desto deutlicher wirst du es merken. Wie du immer beides bist: einer, der liebt und von Gott geliebt wird, und einer, der trotzdem immer wieder schuldig wird. Das ist die gleiche Person! Das hat Martin Luther betont: Du bist Gerechter und Sünder zugleich! Nicht mal so, mal so, und auch nicht halb und halb, die eine Hälfte Dr. Jekyll und die andere Mister Hyde. Sondern beides ganz und gar: Sünder und Gerechter, also von Gott Geliebter und von Gott Abgewandter, einer, der es alleine schaffen will. Das passt ohne Widerspruch zusammen. Wenn du dich selbst beobachtest und beurteilen willst, bist du Sünder. Aber in Gottes Augen bist du geliebt. Der sieht in dir mehr als du. Er sieht den, der von Jesus überhaupt nicht mehr zu trennen ist. Das ist übrigens die gleiche Denkfigur, die auch bei Jesus zusammendenkt, dass er wahrer Mensch und wahrer Gott ist. Und nicht Halbgott oder Teilzeit-Erlöser.

Die Widersprüche in dir bleiben.
Und du bleibst auf Gottes Liebe und Vergebung angewiesen.
#zugleichgeliebtundlieblos

Icebreaker:

Hast du schon mal gegen deine Werte und Ideale gehandelt?

Impulse zum Weiterdenken:

- → Hast du dich auch schon mal gelangweilt, weil in der Gemeinde immer das Gleiche erzählt wird?
- → Sucht gemeinsam nach Beispielen, wo Christen ihren Glauben ernst nehmen wollen und trotzdem dabei Menschen verletzen!
- → Sünde ist nicht einfach eine Schwäche. Sie folgt als Schatten deiner größten Stärke. Wo könnte deine Stärke dich von Gott trennen?

Bibelvers zum Beherzigen:

„Denn ich weiß, dass in mir, das heißt in meinem Fleisch, nichts Gutes wohnt. Wollen habe ich wohl, aber das Gute vollbringen kann ich nicht. Denn das Gute, das ich will, das tue ich nicht; sondern das Böse, das ich nicht will, das tue ich.“ (Römer 7,18f.)

#46

SCHULD IM LICHT DER VERGEBUNG ERKENNEN

Je näher du Gott kommst, desto deutlicher wird dir deine Schuld. Nicht je weiter du von ihm weg bist. Was dich wirklich von Gott trennt, merkst du erst im Licht von Gottes Vergebung. Jesus hat mal eine Story von einem Verwalter erzählt, der in seinem Betrieb ein paar hundert Millionen veruntreut hatte. Und dann kam alles raus, er rechnete mit Rausschmiss und Strafverfahren. Und dann sagte sein Chef: „Da haben sie uns ja was Schönes eingebrockt. Das war Ihnen hoffentlich eine Lehre. Dass Sie das nicht noch mal machen, hören Sie? Und jetzt Abmarsch an die Arbeit. Ich kann Sie ja nicht einfach rausschmeißen, wo Sie doch Familie haben." Dem Verwalter stand der Mund offen. Beim Umdrehen und Rausgehen stieß er sich den Kopf am Türrahmen, ging in sein Büro und sah runter auf den Parkplatz. Da stand eine der Sekretärinnen, völlig aufgelöst. Ihr kleiner Fiesta stand mit einer Beule im Kotflügel an der Seite. Sie war jemandem reingefahren. Und zwar ... seinem funkelnagelneuen Mercedes!

„Das darf doch nicht wahr sein! Gerade gekauft." Die Frau heulte: „Das Schlimme ist: Der Wagen war gerade heute nicht versichert. Und ich hab mein Konto schon überzogen, ich bin am Dispo-Limit. Ich weiß nicht, wo ich das Geld jetzt hernehmen soll. Könnte ich das nicht vielleicht später begleichen?" Der Verwalter raste. „Wo kommen wir denn da hin? Ich hab auch nichts zu verschenken! Sehen sie zu, wie Sie das mit Ihren Schulden in Ordnung bringen. Andernfalls sehen wir uns vor Gericht!" (Lies mal nach: Matthäus 18,23-35.)

„Gibt's doch gar nicht", denkst du wahrscheinlich. „Ist das zu fassen? Da kriegt einer sozusagen ein neues Leben geschenkt, und was macht er: haut seine Untergebene in die Pfanne! Was für ein Arschloch." Aber Obacht: Jesus erzählt die Geschichte, um zu verdeutlichen, wie viel dir von Gott geschenkt worden ist. Echte Schulderkenntnis hat nämlich diesen doppelten Schritt: „Zuerst denkt man: Das ist ja ein Ding, wer macht denn so was?" Und dann: „Au Backe, das betrifft mich ja auch." Im Grunde merkt auch der Verwalter zuerst gar nicht, was er da tut. „Wieso", rechtfertigt er sich, „das eine hat doch mit dem anderen gar nichts zu tun!" Der empfindet das wirklich so. Er hat das Geschenk, den Schuldenerlass so angenommen wie einen unverhofften Lottogewinn. Und wie das bei so manchen Lotto-Königen ist: Sie bleiben die Alten. Außer dem Gewinn hat sich bei ihnen nichts geändert. Wie bei dem guten Christen, der zwar alles über Gnade weiß, aber seinen Nachbarn wegen nächtlicher Ruhestörung anzeigt und auf seinem Rechtsstandpunkt beharrt. Und bei mir? Mir passiert es immer wieder, dass ich denke, ich wäre selber mit anderen ungefähr so großzügig wie Gott es mit mir ist. Und genau an der Stelle sagt Jesus: „Du täuschst dich gewaltig. Das Verhältnis zwischen Gottes Geduld mit dir und deiner Geduld mit anderen ist in etwa so wie bei dem Verwalter, der ja auch zugleich Schuldner und Gläubiger ist. So wie du. Du ahnst gar nicht, wie viel dir Gott abgenommen hat. So viel kannst du anderen gar nicht vergeben, wie Gott dir abgenommen hat."

Wenn ich das realisiere, bekomme ich einen Schreck. Weil ich so wenig von meiner Schuld wirklich sehe. Dass meine Selbsteinschätzung und Gottes Wahrheit über mich so meilenweit auseinanderliegen. Jesus hat das Gleichnis erzählt, weil das mit der Erkenntnis der Schuld wirklich nicht einfach ist. Nicht, dass wir einen eklatanten Mangel an Schuldeinsicht hätten wie ein störrischer Kleinkrimineller: "Eywashabischdenngmaaacht?!" Die Wahrheit über mich kann ich nicht einfach „anschauen". Auch nicht, wenn ich noch so kritisch bin. Das ist das Problem. Die Wahrheit über mich zu erkennen, wird mir erst gelingen, wenn ich nicht mehr mich selber anschaue. Sondern allein das, was Jesus mir abgenommen hat. Was ihn das gekostet hat. Und zugleich wird so deutlich, was Schuld wirklich ist: Etwas, das ich nicht mehr ändern kann. Was nicht wiedergutzumachen ist. Das ist ein kleines Stück Tod. Eine weitere Schippe, mit der ich mir das Grab selber schaufele. Die echte Wiedergutmachung Gottes ist eben auch nicht mit einem „Schwamm drüber, denken wir nicht mehr dran" zu schaffen. Sondern kostet ihn sein eigenes Leben. Und Wiedergutmachung bedeutet dann, dass Vergebung wirklich so was wie ein Neuanfang ist. Als hätte Gott mein Leben neu geschaffen. So tief runter reicht, was bei der Schuld und ihrer wirklichen Vergebung wirklich geschieht!

Das bedeutet aber zugleich, dass du deine Schuld erst begreifst, wenn Gott dir schon vergeben hat. Du musst also nichts mehr erklären oder schönreden oder dich vor Gott rechtfertigen. Du könntest dich mit deiner Schuld einfach

Wie schwer die Schuld wiegt, erkennt man erst daran, was dir Gott abgenommen hat.

#eywashabbischdenngemacht?

in Gottes Arme schmeißen. Ungefähr so wie der verlorene Sohn (Lukas 15,11-24): Sein Papa nimmt ihn nicht in den Arm, weil er so zerknirscht um Entschuldigung gebeten hatte. Sondern schon vorher. Er ist ihm schon an der Eingangstür um den Hals gefallen, bevor der überhaupt nur einen Ton rausbekommen hatte.

Und erst dann fand der Sohn die Sprache. So ist das bei Gott, wenn du ihm deine Schuld bekennen möchtest, immer wieder: Er hat dir schon vergeben! Gott tut nichts lieber als das! Gott kann überhaupt nur mit Sündern was anfangen: mit Menschen, die realisieren, wie sehr sie auf Gott angewiesen sind und bleiben. So gesehen ist die Tatsache, dass du ein Sünder bist, zugleich deine größte Würde!

Icebreaker:

Hast du schon mal in den Spiegel gesehen und dich erschrocken?

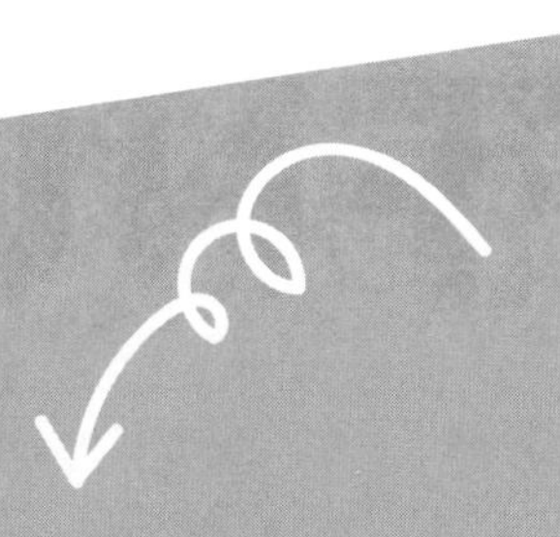

Impulse zum Weiterdenken:

- → **Nimm den Mobbingfall in der Schulklasse: Wie gelingt es, dass die Täter ihre Schuld einsehen?**
- → **Kennst du Beispiele, wo Leute blind für ihre Schuld sind?**
- → **Wenn ich erst im Licht von Gottes Liebe um Vergebung bitten kann. Warum ist es trotzdem nicht egal, was ich mache?**

Bibelvers zum Beherzigen:

„Wenn du, Herr, Sünden anrechnen willst – Herr, wer wird bestehen? Denn bei dir ist die Vergebung, dass man dich fürchte.“

(Psalm 130,3f.)

HOFFNUNG

Wir haben das Ziel noch nicht erreicht.
Es ist noch längst nicht alles gut.
Obwohl Gott doch die Welt mit sich versöhnt hat!

Warum ändert sich anscheinend überhaupt nichts?
Warum ist die Welt nicht besser als sie ist?

Aus welchem Grund dürfen wir eigentlich trotzdem hoffen,
dass am Ende alles gut ausgeht?

Du hast zwar das Versprechen, dass Gott am Ende gewinnt,
aber das Spiel ist noch nicht vorbei. Darum geht es im dritten Teil.

#47

DIE HOFFNUNG HÄNGT AN DER TREUE GOTTES

Ohne Hoffnung kann keiner leben. Was lässt dich sonst jeden Morgen aufstehen? Ich hab mal einen gefragt: „Welches Ziel hast du im Leben?“ Sagt der: „Feierabend.“ – „Ich meine langfristig.“ Der wieder: „Wochenende.“ Das kann's doch nicht sein! Jeder hat irgendeine Hoffnung. Warum schreibst du dir Termine für nächstes Jahr in den Kalender? Woher nimmst du eigentlich deine Zuversicht, dass alles gut wird? Der eine klopft auf Holz und spuckt hinter sich oder macht sonst irgendeine abergläubische Verrenkung, damit alles glatt geht.

Der andere klammert sich an seinen unverwüstlichen Optimismus, mit dem er sich schon irgendwie durchwurschteln kann. Dass also nicht das Schlimmste passiert. In 70 von 100 Fällen klappt das womöglich. Und was ist mit den anderen? Sagen die: „Es hätte schlimmer kommen können“, und dann kommt es schlimmer? Mal ehrlich: Das ist doch keine Hoffnung. Das ist Selbstbeschiss. Wenn das echte Hoffnung wäre, dann könnte nur der hoffen, der nicht so genau hinsieht oder genug Schwein hat oder einfach noch nicht am Ende ist. Am Ende stirbt sie dann doch. Die Hoffnung. Sagt man doch so: „Die Hoffnung stirbt zuletzt.“ Und Religion ist, wenn man trotzdem stirbt. Die Frage könnte also nicht wichtiger sein: Was also gibt dir Hoffnung, die nicht am Ende den Geist aufgibt? Welchen Grund hat sie?

Die Hoffnung im christlichen Glauben speist sich aus ganz anderer Quelle. Sie hält sich an dem fest, was Gott versprochen hat. Nicht was du halten kannst. Oder was vielleicht doch noch besser wird. Sie ist wie ein Einsatz im Spiel: Worauf setzt du? Die Hoffnung setzt alles auf Gottes Treue: „Er hat's versprochen. Und was Gott versprochen hat, das hält er auch.“ Um die Hoffnung zu beschreiben, die in deinem Glauben steckt, musst du nicht auf die Möglichkeiten gucken, mit denen sich vielleicht noch alles zum Guten wendet. Du musst auf die Verheißungen Gottes achten. Was hat Gott eigentlich genau versprochen? Dafür gibt es eine gute Zusammenfassung: „Meine Hilfe kommt vom HERRN, der Himmel und Erde gemacht hat (Psalm 121,2), der Wort und Treue hält und der das Werk seiner Hände nicht preisgibt.“ Das wird in manchen Gottesdiensten am Anfang gesagt. Und fasst zusammen, was Gott verspricht. Nämlich:

→ Gott hält seine Versprechen. (2. Korinther 1,19f.)

→ Wer mit ihm verbunden ist, den lässt er nicht alleine. (Römer 8,30)

→ Was er angefangen hat, das bringt er auch zu Ende. (Philipper 1,6)

Darauf können wir uns verlassen. Gerade dann, wenn es so aussieht, als würde gar nichts passieren: Man hofft, dass es langsam besser wird, aber es wird nur noch schlimmer. Und Gott scheint immer länger auf sich warten zu lassen. Dann hilft kein Optimismus. Dann brauchst du was, das du in der Hand hast. Das „schon jetzt" zeigt, was „noch nicht" da ist. Damit du nicht ins Blaue hinein hoffst. Sozusagen ein Pfand. Eine Anzahlung: Das sind Gottes Worte, seine Versprechen, die wir sozusagen schriftlich haben. Und ein Ereignis, das zeigt, dass Gott hält, was er verspricht: Das ist die Auferstehung von Jesus. Daran hängt die ganze Hoffnung. Darauf sollen wir uns berufen! Wir haben sein Wort: Gottes Wort. „Treue" ist sozusagen sein zweiter Vorname. Es ist spannend, die Bibel nach den Verheißungen Gottes zu durchforsten. Denn „Gott erfüllt nicht alle unsere Wünsche. Aber alle seine Verheißungen." (Dietrich Bonhoeffer)

Die Hoffnung stirbt nicht zuletzt.
Sie lebt von den Verheißungen Gottes.
#strohhalmweg

Icebreaker:

Kannst du warten, oder wirst du schnell ungeduldig? Schon mal von jemanden versetzt worden?

Impulse zum Weiterdenken:

→ Hast du das schon mal erlebt:
Du hast gedacht, dass es nur noch besser werden kann,
und dann wurde es schlimmer?

→ Woran kann man erkennen,
dass man sich wirklich auf Gott verlassen kann?

→ Welche Versprechen Gottes kennst du?

Bibelvers zum Beherzigen:

„Ich bin darin guter Zuversicht,
dass der in euch angefangen hat das gute Werk,
der wird's auch vollenden bis an den Tag Christi Jesu."
(Philipper 1,6)

#48

DIE WELT IST VERLOREN. ABER NICHT FALLEN GELASSEN.

Wenn man Nachrichten guckt, könnte man schon die Hoffnung verlieren. Welche Bilder der letzten Monate ziehen an deinem inneren Auge vorbei? Schlauchboote im Mittelmeer mit einer Traube Menschen darauf. Verzweifelte Väter mit toten, staubigen Mädchen auf dem Arm in Aleppo. Oder anderswo. Fanatische, vermummte junge Männer mit Sprengstoffgürteln in unscharfen Internetvideos. Meere, in denen Plastikmüll treibt. Ein eisfreies Nordpolarmeer. Irgendwo auf der Welt ist immer Krieg. Und das sind nur die Sachen, die bis an die Bildschirmoberfläche gespült werden. Eigentlich müsste man auf die Knie gehen und um Vergebung bitten, um Rettung und es Erbarmen. Ich verstehe auch nicht, wie wir das aushalten. Mich wundert, welche übermenschlichen Fähigkeiten der Verdrängung wir entwickelt haben. Vor den Nachrichten müsste eigentlich ein Warnhinweis zum Jugendschutz eingeblendet werden. Ich will gar nicht wissen, wie es in 30 Jahren aussieht, 2050, wenn 10 Milliarden Menschen auf diesem Planeten leben werden. „In diese Welt wollen wir keine Kinder setzen", sagen deshalb manche. Aber den Problemen entkommt man trotzdem nicht. Dann schlagen wir uns mit dem Problem einer total überalterten Gesellschaft rum. Egal wie, wir sind alle tief verstrickt in diese tiefe Erlösungsbedürftigkeit der ganzen Welt. Nicht nur wir Menschen: Das ganze Leben auf diesem Planeten ist ein Verdrängungskampf, ein „Fressen und Gefressenwerden", ein „Geh weg, hier ist mein Platz", ein „Gib her, ich bin stärker". Die Sklaverei und Verlorenheit, das Elend und der Kampf ums Dasein setzen sich bis in die Welt der Einzeller am Meeresboden fort.

Aber wie sieht diese kaputte Welt eigentlich aus Gottes Blickwinkel aus? Der Apostel Paulus sieht das so: „Denn ich bin überzeugt, dass dieser Zeit Leiden nicht ins Gewicht fallen gegenüber der Herrlichkeit, die an uns offenbart werden soll. ... Denn wir wissen, dass die ganze Schöpfung bis zu diesem Augenblick seufzt und in Wehen liegt." (Römer 8,18ff.) Sie hat also Schmerzen. Aber diese Schmerzen sind nicht vergeblich, sondern hören wie Wehen einmal auf. Ich finde es faszinierend, wie sich Schmerzen verändern, wenn man weiß, was das für Schmerzen sind. Wenn du nicht weißt, woher dieses unheimliche Stechen im Bauch kommt, das ist furchtbar, und man malt sich die schlimmste Krankheit aus. Die gleichen Schmerzen haben aber eine völlig andere Bedeutung, wenn du weißt: Das sind Wehenschmerzen, mit denen sich was Neues, Schönes, Wunderbares ankündigt.

Und was dann kommt, ist überhaupt kein Vergleich. Das kannst du alle Mütter fragen.

Wenn die Welt seufzt, dann hört Gott das. Die ganze Zeit. In dieses Stöhnen stimmt Gott mit ein. Mit seiner Stimme. Der Heilige Geist seufzt auch (so heißt es weiter hinten: Römer 8,26). Auch Gott redet nicht einfach weiter, wenn das Elend zum Himmel schreit. Wenn Gott seufzt, ist das schon eine Antwort. Aber eine besondere: So wird nämlich aus dem Seufzen der Schöpfung ein Gebet, weil Gott darauf antwortet. Es ist nicht mehr bloß ein stummer Klagelaut. Die ganze Erde betet, sagt die Bibel. Das tut sie in den Psalmen öfter mal. In Psalm 19 zum Beispiel lobt die Schöpfung ihren Schöpfer. Und sie klagt auch. Bittet darum, dass Gott doch bitte zur Welt kommt. Dass die Welt wieder zu Gott findet. Dass sie zu dem wird, was sie eigentlich sein soll: nicht mehr die unerlöste Welt, die von Gott getrennt ist, sondern die aufgerichtete, neu gemachte, wieder gut gemachte. Auf dieses Klagegebet der Schöpfung antwortet Gott: Auf einmal mischt sich in dieses Stöhnen der ganzen Welt das Seufzen von Geburtswehen. Und dann der Schrei eines Neugeborenen. Gott antwortet auf die unzähligen Klagelaute in der Welt, indem er in diese Welt ein Kind setzt. In die Welt, in die die Menschen heute keine Kinder mehr setzen wollen oder ihre Hoffnung. So rettet Gott die Welt. Schon immer, seit die Welt verloren gegangen ist: „Welt ging verloren, Christ ist geboren".
Er hat einen Retter geschickt.

Egal wie kaputt sie ist: Gott gibt die Welt, die er geschaffen hat, nicht verloren.
#kindergeschreiisthoffnungsmusik

Icebreaker:

Guckst du Nachrichten, im Fernsehen, im Internet, liest du Zeitung? Was denkst du, wenn wieder nur schlechte Neuigkeiten dabei waren?

Impulse zum Weiterdenken:

→ Hast du manchmal Zukunftsangst? Was macht dir am meisten Sorge: Der Klimawandel, die Kriegsgefahr in einer unsicheren Welt oder dass immer mehr Menschen ihrer Armut nach Europa entfliehen wollen?

→ „Wie man beten soll, steht in der Bibel. Was man beten soll, steht in der Zeitung", hat mal einer gesagt. Wie sähe dein Gebet aus, um deine Zukunftssorgen mit Gott zu teilen?

Bibelvers zum Beherzigen:

„Denn ich bin überzeugt, dass dieser Zeit Leiden nicht ins Gewicht fallen gegenüber der Herrlichkeit, die an uns offenbart werden soll."

(Römer 8,18)

#49

WELT ERLÖST. ABER NOCH NICHT GEHEILT.

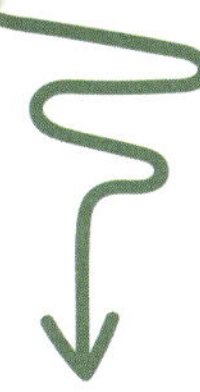

Warum ist eigentlich der Wohlstand auf der Erde so ungerecht verteilt? Der eine hat alles im Überfluss und muss bloß gegen die Langeweile kämpfen. Die andere hatte nie eine Chance: Zum Beispiel ein Mädchen, das in Armut in Indien aufwächst. Mit schlechter Gesundheitsversorgung und keiner Möglichkeit, was zu lernen. Die einen verbrauchen so viel, dass die Erde dreimal so groß sein müsste, damit die Ressourcen reichen. Und kriegen immer noch den Hals nicht voll. Die anderen haben nicht mal sauberes Wasser oder ein Klo. Warum ist das so? Was tut Gott dagegen? Warum repariert er das nicht? Wie kann Gott das zulassen, fragen viele und halten das für ein Argument dagegen, dass es Gott überhaupt gibt. Wie sähe deine Antwort aus?

Ich versuche, eine Antwort zu geben. Was Gott dagegen tut: Die Welt zu retten, geht nicht mit einem Fingerschnippen. Sie ist nicht kaputt und braucht einen, der sie repariert. Sie ist krank und braucht Heilung. Wenn unser größtes Problem unsere Dummheit wäre, hätte uns Gott einen Ausbilder geschickt. Oder einen Wissenschaftler, der uns die nötige Technologie beibringt. Und wenn unser größtes Problem zu wenig Geld wäre, um die Ungerechtigkeit in der Welt abzuschaffen, dann hätte uns Gott einen Finanzfachmann geschickt. Unser größtes Problem liegt aber etwa dreißig Zentimeter tiefer: im Herzen. Unser größtes Problem ist mangelnde Liebe und Vergebung. Was die Bibel Sünde nennt. Deshalb hat Gott nicht mit dem Finger geschnippt, sondern hat Jesus geschickt, um seine Liebe in die Welt zu setzen. Und mit ihr die kranke Welt zu heilen.

Gott setzt Menschen in die Welt. Er will Menschen durch Menschen retten! Nicht von oben runter, sondern von unten und von drinnen. Er tut es noch heute: wenn Menschen zu Jüngern werden, zu Brüdern und Schwestern von Jesus. Wir stehen doch auf seiner Seite! Wollen wir dabei nicht mitmachen? Ich möchte lieber auch Teil der Lösung sein und nicht bloß Teil des Problems bleiben. Gott hat mich gerettet. Ohne meine Hilfe. Aber er will nicht ohne meine Hilfe weitermachen! Ich bin doch kein Zuschauer! Gott will nicht ohne uns gewinnen. Sondern mit uns! Wir gehören doch in seine Mannschaft!

Denn wir Menschen sollen in Gottes Augen nicht die Todesursache der Erde sein, sondern ihre Hoffnungsträger, ihre Beschützer und Bewahrer, ihre Gärtner und ihre wirkliche Krone. Weil die Welt und das Elend Gott nicht egal ist, deshalb kann uns der kaputte Planet auch nicht egal sein, nach dem Motto: „Die Welt geht den Bach runter, deshalb freuen wir uns schon mal auf den Himmel." Wir tragen Verantwortung für die Erde. Man kann sich an so vielen Stellen ändern und sich engagieren: für saubere Energie und Klimaschutz, für weltweite Gerechtigkeit, Frieden und Freiheit auf dem Globus. Aber das alles speist sich aus der Hoffnung, dass wir Menschen die Welt nicht retten müssen. Sondern dabei mitmachen können. Mit Gott, der die Welt nicht aus seiner Hand fallen lässt. Gott gibt die Welt nicht auf. Er hat sie geschaffen, das ist kein Ex-und-hopp-Artikel!

Aber die Welt zu retten, ist ein Prozess. Ein Heilungsprozess. Der weh tut. Sogar mehr noch: Es ist ein Kampf. Denn auch wenn Jesus die Welt erlöst hat, ist der Kampf noch lange nicht vorbei. Der Sieg steht fest. Aber der Kampf gegen das Böse ist noch in vollem Gange. Und vieles, was du an Gräueln und Bösartigkeit erlebst, hat mit dieser Situation zu tun: Die Welt ist erlöst, aber noch nicht verwandelt. Die Medizin ist da, der Patient aber noch nicht geheilt. Das Böse lässt sich nicht abschaffen oder wegreden oder wegzaubern. Die Sünde, die die Welt im Griff hat, ist wie eine Krankheit, die heilen muss, nicht wie ein Konstruktionsfehler, der einfach behoben werden kann. Und bevor es besser wird, wird's oft erst noch schlimmer.

Gott rettet die Welt.
Mit dir zusammen, wenn du mitmachst.
#tuwas

Icebreaker:

Wie findest du die Schülerdemonstrationen für die Klimarettung? Würdest du auf eine gehen?

Impulse zum Weiterdenken:

→ Welche Antwort gibst auf die Frage: Warum lässt Gott das ganze Elend in der Welt zu?

→ Welche Beispiele für die Ungerechtigkeit in der Welt fallen dir ein?

→ Was kannst du tun, um die Welt nicht verloren zu geben? Und was tut Gott?

Bibelverse zum Beherzigen:

„Denn also hat Gott die Welt geliebt, dass er seinen eingeborenen Sohn gab, auf dass alle, die an ihn glauben, nicht verloren werden, sondern das ewige Leben haben.“

(Johannes 3,16)

„Friede sei mit euch! Wie mich der Vater gesandt hat, so sende ich euch.“

(Johannes 20,21)

#50

ENDZEIT ODER ADVENTS-ZEIT?

Am Ende wird alles gut. Und wenn es nicht gut ist, ist es noch nicht das Ende. Bevor es besser wird, wird's erst noch mal schlimmer. Aber die Hoffnung der Christen hört nicht da auf, wo wir mit unserem Latein am Ende sind. Dann fängt Gott erst an: Wenn alles immer furchtbarer zu werden scheint, braucht keiner den Kopf in den Sand zu stecken: Und sich zu verkriechen, irgendwo, wo einen keiner findet und die Terrorgefahr kleiner ist. Gerade, wenn die Probleme so groß sind, dass keiner mehr durchblickt, sagt Jesus: „Wenn das alles beginnt, dann Kopf hoch, denn eure Erlösung ist nahe." (Vergleiche Lukas 21,28.)

Das ist der Schlusssatz aus der „Endzeitrede" von Jesus. Wenn man die liest, kann es einen gruseln. Weil man so viel von dem meint wiederzuerkennen, was einem in den Nachrichten täglich begegnet. Da mischt sich die Ankündigung von Naturkatastrophen, politischen und sozialen Unruhen, Krieg und der Ausbreitung von politischem und religiösem Wahn mit einer weltweiten Christenverfolgung zu einem Katastrophenpanorama. Und das soll bloß der Anfang sein, sagt Jesus! Er meint aber nicht den Anfang vom Ende. Am Ende wird alles gut! Egal, wie furchtbar es vorher aussieht: Die Bibel will uns auf keiner Seite Angst vor dem Untergang machen oder den Teufel an die Wand malen. Diese Zeichen sollen uns gerade nicht verunsichern, sondern bestärken! Je schlimmer es aussieht, desto größer soll unsere Hoffnung werden. Nicht die Verzagtheit! Wenn so was wie Endzeit in der Bibel zur Sprache kommt, dann immer und ohne Ausnahme als Hintergrundfolie, um den Verunsicherten Mut zu machen. Die Bibel kennt überhaupt keine eigenständige Idee vom Weltuntergang. Es geht dabei immer um das Happy End ganz am Schluss, um den Sieg der Liebe über den Tod, des Friedens über den Krieg.

Es steht fest, dass irgendwann der erste Weltfrieden ausbricht. Wenn Jesus wiederkommt. Nicht vorher und nicht ohne Gottes Eingreifen. Aber genau deshalb ist das so sicher wie das Amen in der Kirche. Die Geschichte geht gut aus. Weil Jesus kommt. „Die Herren dieser Welt kommen und gehen. Unser Herr kommt", hat mal ein deutscher Bundespräsident gesagt (der war nicht zufällig Mitglied im CVJM, Gustav Heinemann). Dieses Wiederkommen von Jesus hat nichts von „Warts ab, bis der Papa nach Hause kommt, dann gibt's hier ein Donnerwetter!" Sondern eher was Mut machendes: „Haltet aus, Leute! Ich bin unterwegs, ich komme spätestens rechtzeitig." Dieses Versprechen, dass Jesus wiederkommt, schließt ab, was an Weihnachten angefangen hat. Als mit Jesus Gott selber zur Welt gekommen ist, um die Welt wieder zu sich zurückzulieben. Und was an Ostern dann feststand, nämlich, dass das Leben über den Tod gesiegt hat. Und wenn Jesus dann wiederkommt, dann ist die Vollendung dessen, was damals angefangen und schon entschieden war. Dann sind Gott und die Welt nicht mehr voneinander getrennt, durch die Sünde, sondern bleiben für immer zusammen. Auf dieses Wiedersehen richtet sich übrigens der allerletzte Satz in der Bibel. Er ist ein Gebet: „Amen, komm, Herr Jesus!" (Offenbarung 22,20) Dieses Gebet, das sich auf das Wiedersehen mit Jesus freut, nimmt alle Tränen auf und verwandelt sie zu einem Gebet, das zum Himmel schreit. Wenn Gott ein Gebet erhört, dann doch wohl dieses! Darin liegt der Grund der Hoffnung. Und warum man Gott schon jetzt loben kann. Obwohl ich jeden Tag Nachrichten gucke.

Gott lässt die Welt nicht fallen.
Wenn sie am Ende ist, fängt Gott erst an.
#kopfhoch

Icebreaker:

Welchen Weltuntergangs-Film findest du am spannendsten?

Impulse zum Weiterdenken:

→ Hast du schon mal das Gefühl gehabt: „Ich kann nicht mehr. Ich weiß nicht mehr weiter." Was kann dir dann neuen Mut geben?

→ Was hat die Adventszeit, also das Warten darauf, dass Gott zur Welt kommt, mit der Endzeit zu tun?

Bibelvers zum Beherzigen:

„Wenn aber dieses anfängt zu geschehen, dann seht auf und erhebt eure Häupter, weil sich eure Erlösung naht."
(Lukas 21,28)

#51

HINFALLEN. WIEDER AUFSTEHEN. WEITER KÄMPFEN.

Das Böse ist besiegt, kämpft aber noch wütend weiter. Deshalb hat Glauben auch was Kämpferisches. Und die Hoffnung hat auch was Trotziges: „Jetzt erst recht!“ Dass wir mitten im Kampf stehen, merkt man manchmal erst, wenn man sich selber angegriffen fühlt. Es gibt so Phasen im Leben, da geht dir alles schief und du kriegst bald den Eindruck, als hätte sich die Welt gegen dich verschworen. Oder du kriegst die volle Packung Unglück ab. Es heißt:

„Ein Unglück kommt selten allein“ oder „Der Teufel scheißt immer auf den dicksten Haufen“. Und du fragst dich: „Warum passiert ausgerechnet mir das?“ Du dachtest, Gott passt auf dich auf, hat er doch versprochen. Aber davon ist überhaupt nichts zu merken, im Gegenteil: Langsam kriegst du den Eindruck, Gott will dich für irgendwas bestrafen, wovon du gar nichts weißt. „Was hab ich denn verbrochen, dass ich so was verdient habe“, denkst du, und trotz „guter Führung“ ist von Gottes Führung nix zu spüren. Wie es dir geht, das will so überhaupt nicht zu deiner Erwartung passen, wie es einem ergeht, der sich an Gott festhält. Irgendwann fängst du an zu zweifeln: Gibt es Gott vielleicht doch nicht? Ist die Botschaft, dass Jesus gewonnen hat, bloß das Pfeifen im dunklen Keller? Aber in Wirklichkeit ist es so: Du bist plötzlich in den Kampf verwickelt, der immer noch um dich und um die ganze Welt tobt. Der Kampf ist noch nicht vorbei! Gott steckt noch mitten in dem Kampf drin. Und du auch. Du stehst doch auf seiner Seite! Deshalb erlebst du es, dass dir die Fetzen um die Ohren fliegen. Du fühlst dich vom Schicksal hin- und hergeschubst. Du bist so richtig in die Schusslinie geraten, oder es hat dich schon getroffen. Aber gib die Hoffnung nicht auf: Du bist trotzdem kein Spielball der Mächte, gegen die du alleine gar nichts ausrichten kannst: Da möchte man in Deckung gehen und sich am liebsten irgendwo verkriechen. Aber das geht nicht mehr. Also: Willst du kämpfen, oder willst du bloß spielen?

In solchen Situationen erlebst du Jesus am deutlichsten, wenn du bereit bist, mit ihm zu kämpfen. Wenn du dich entschieden auf seine Seite stellst. Dann schweißt dich diese „Anfechtung“ mit ihm zusammen. Weil es dir nicht besser geht als ihm. Aber du die Hoffnung hast, dass du auch bei der Siegesfeier dabei bist. Die schon feststeht.

Du bist auch nicht wehrlos. Jesus drückt dir seine Waffen in die Hand: "Hier, nimm." Er sagt zwar: „Ich sende euch wie Schafe mitten unter die Wölfe." (Matthäus 10,16) Aber nicht als Schlachtvieh und frommes Kanonenfutter, sondern der Vers geht so weiter: „Darum seid klug wie die Schlangen und ohne Falsch wie die Tauben." Wir sind nicht schutzlos ausgeliefert. Wir sind nicht unbewaffnet. Und auch nicht unvorbereitet. Wie deine Waffen aussehen, beschreibt der Apostel Paulus im Epheserbrief (Epheser 6,10-17): Du kriegst eine komplette Rüstung. Dazu gehört ein Gürtel, damit dir das Herz nicht in die Hose rutscht. Bei Paulus ist das die Wahrheit: Denn wenn die Botschaft von Jesus die Wahrheit ist, dann wird sie gewinnen! Die Wahrheit lässt sich nicht auf ewig unterdrücken. Was Stärkeres als die Wahrheit der Liebe gibt's nicht. Und dann kommen Brustpanzer (damit siehst du aus wie ein Superheld), Helm und Schild, die dich schützen. Der beste Schutz ist, mit Jesus verbunden zu sein. Das kann dir keiner nehmen! Und weiter: extra festes Schuhwerk, so richtige Springerstiefel, damit du nicht leise auf Socken durchs Leben schleichen musst, sondern bereit bist, für das Evangelium fest aufzutreten! Und zum Schluss noch ein Schwert. Natürlich: „Gewalt ist keine Lösung". Die Waffe für Christen ist der Heilige Geist, der dir zu unterscheiden hilft, was gut für dich ist und was nicht. (1.Korinther 12,10; 1.Thessalonicher 5,21)

Wenn du öfter mal am PC ein Fantasy-Spiel spielst, ist dir so eine Beschreibung bestimmt geläufig: Bevor du dich ins digitale Abenteuer stürzt, werden dir alle Waffen und Schutzmöglichkeiten erklärt, die dir im unwegsamen Gelände und in unvorhergesehenen Situationen helfen könnten. Hier ist das so ähnlich, nur dass es für dich wirklich ums Leben geht, das Jesus dir schon gerettet hat. Auch das ist so ähnlich wie im Computerspiel: Du kannst beherzt mitspielen. Wenn es dich trifft, dann ist das keine Katastrophe! Und wenn du stirbst, kriegst du ein neues Leben! Von Jesus.

Der Kampf ist entschieden.
Aber noch nicht vorbei.
#angetreten

Deshalb rein ins Getümmel! Glaube ist Kampf. Aber nicht auf verlorenem Posten. Die Gegenseite ist nur deshalb so wütend und brutal, weil der Kampf eigentlich schon entschieden ist, aber eben noch nicht zu Ende. Das ist militärisch gesprochen die frohe Botschaft, also das Heil: Der Kampf ist entschieden! Die Liebe wird definitiv das Böse überwinden. Gottes Gerechtigkeit setzt sich am Ende durch. Aber je näher das Ende rückt, desto schlimmer wird es, steht in der Bibel. Wenn du das aber weißt, ist das, als hättest du einen Helm auf, mit dem du dich gerade dann aufrichten kannst, ohne den Kopf zu verlieren! Keiner muss mehr aufgeben und die weiße Fahne hissen, nur weil die Schlussphase einfach nur zu ruppig ist und der Gegner unfair. Ich weiß: Das ist leichter gesagt als wirklich durchgehalten. Aber dazu kommen wir im nächsten Kapitel.

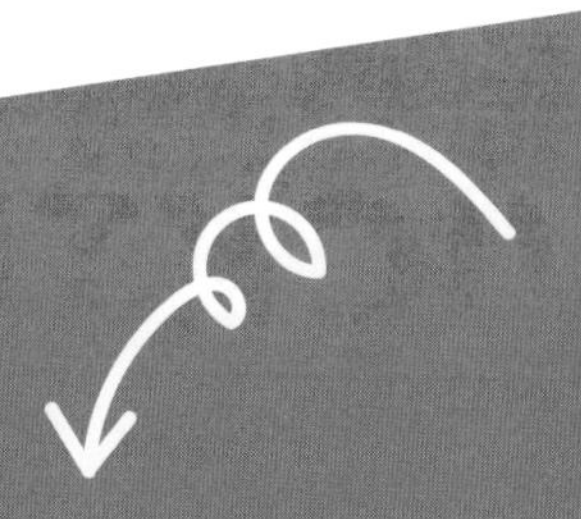

Icebreaker:

Hast du mal eine richtige Pechsträhne gehabt? Einen gebrauchten Tag, an dem alles schiefgegangen ist?

Impulse zum Weiterdenken:

- **→ Was machst du gegen die Gedanken, dass du fern von Gott bist, wenn dich ein Unglück trifft?**
- **→ Lest zusammen Epheser 6,10-17 und überlegt euch, was die geistlichen Waffen für euch bedeuten!**
- **→ Christen mit Schwert in der Hand, die für das Evangelium kämpfen: Das kann auch nach hinten losgehen. Wie kann man diesen „Kampf für das Evangelium" vor Missbrauch schützen?**

„Siehe, ich sende euch wie Schafe mitten unter die Wölfe. Darum seid klug wie die Schlangen und ohne Falsch wie die Tauben."
(Matthäus 10,16)

#52

EINE VERZWICKTE GLEICHUNG

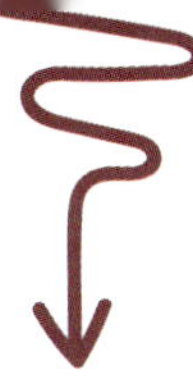

Jemandem, der wirklich durch harte Zeiten geht, dem gibt man keinen weisen Rat, auch keinen frommen. Da werden Ratschläge wirklich zu Schlägen. In die Kniekehle. Aber trotzdem soll dein Glaube keinen großen Bogen um das Leiden machen! Entweder er bewährt sich hier. Oder er war die ganze Zeit bloß ein Hobby für schönes Wetter. Wenn du nur sagen kannst „Gott ist mir nahe", wenn du Rückenwind hast und dir alles gelingt, was bringt das? Was ist, wenn auf deiner Lebensstraße plötzlich das Ortsschild „Ende vom Ponyhof" auftaucht? Wenn du durch die Abschlussprüfung gerasselt bist und du von deinem Lebenstraum Abschied nehmen musst. Wenn die Liebe deines Lebens dich sitzen lässt und nicht mehr zurückkommt. Und die Einsamkeit schnürt dich ein und du fühlst dich wie ein graues, lebloses Wesen zwischen all den bunten Menschen. Oder wenn's richtig ans Eingemachte geht und der Arzt dir eine Diagnose gibt, die dir den Boden unter den Füßen wegzieht. Alles noch nicht erlebt? Das wird nicht immer so bleiben, davon kannst du ausgehen. Dann bist du bei „So isses" gelandet und nicht mehr bei „Wünsch dir was".

An der Stelle bin ich mal über einen kurzen Bibelvers gestolpert: „Ich bin arm und elend; der Herr aber sorgt für mich." (Psalm 40,18) An ihm ist mir eine Menge klar geworden. Fällt dir auch was auf? Das ist doch ein Gegensatz. Das passt doch nicht. Entweder das eine stimmt, oder das andere. Entweder: „Ich bin arm und elend". Oder: „Der Herr sorgt für mich". Wie passt das bloß zusammen? Sorgt Gott etwa für mich, wenn es mir so richtig schlecht geht? Wie kann Gott mein Elend zulassen, wenn er doch versprochen hat, auf mich aufzupassen? Das kann einen sogar richtig bitter werden lassen: „Den anderen geht es wunderbar, obwohl sie ganz und gar nicht besser sind als ich. Die Welt scheint richtig ungerecht zu sein und Gott scheint sich doch nicht so zu kümmern."

Es ist nicht so einfach, das, was dir passiert, mit Gott zusammenzubringen. In der normalen Alltagserfahrung gibt es diese verzwickte Gleichung, die man nicht aufgelöst bekommt. Die trägt jeder Mensch in seinem Herzen: Wohlergehen bedeutet Segen. Und Leiden Strafe oder so was. Dann ist Gott dir nahe, wenn's dir gut geht, und wendet sich ab, wenn's dir schlecht geht. Aber dann wäre er eigentlich so was Ähnliches wie die Schicksalsgöttin Fortuna: was für ein Aberglaube! Das Schicksal ist ein ganz mieser Verräter!

Aber wenn die Art, wie du lebst, und dein Schicksal überhaupt nicht zusammenpassen, dann beginnt man, an Gott zu zweifeln: „Was mir passiert, muss doch eine Bedeutung haben: Soll mir das eine Lehre sein, ist Gott wegen irgendwas sauer, hab ich irgendwas falsch gemacht?“ Und so geht das innere Selbstgespräch immer weiter. Dann verdeckt dir das Leid die Sicht auf Gott. Und alle verzweifelten Erklärungsversuche laufen ins Leere. So ging es auch Hiob mit seinen Freunden[4], die sich hilflos an Antworten versuchten: „Du musst irgendwo falsch abgebogen sein, und das ist die Quittung.“ Oder: „Du sollst was lernen, nichts ist sinnlos, zu irgendwas ist dein Leiden bestimmt gut.“ Und jede Erklärung macht die Situation nur noch schlimmer.

Dass Gott in meinem Elend ist, in meiner Schwäche, das scheint nicht zu gehen. Man denkt: „Wenn das stimmt, dann müsste es doch hell werden bei mir. Dann müsste sich mein Elend doch wenden. Wie kann Gott da sein, und mir geht's weiter schlecht? Wie kann Gott regieren, und die Welt ist weiter brutal und ungerecht und tödlich?“ Vielen Menschen zerbricht an dieser Stelle irgendwann ihr Glaube. Weil sie nach erklärenden Antworten suchen. Aber der Glaube ist kein System von Antworten, und irgendwann ist dann mal alles geklärt. So bringt keiner sein Elend mit Gott in Verbindung. Deshalb hat Gott nicht das Elend weg erklärt, sondern dieses „Entweder-oder“ selbst durchbrochen, weil wir Menschen sonst nie aus dieser Zwickmühle herausfinden würden. Es gab einen Menschen, an dem ist das ein für alle Mal deutlich geworden: an Jesus. Am Kreuz. Bei dem traf der Bibelvers hundertprozentig zu, und zwar der eine wie der andere Teil: „Ich bin arm und elend, der Herr aber sorgt für mich. Er lässt mich nicht im Stich.“

Schmeiß die Gleichung „Glück gleich Gottes Nähe, Elend gleich Gottesferne“ in die Tonne!

#keineantwort

[4] Lies mal in der #gottesgeschichte nach, Kapitel Nr. 49: „Festhalten, auch wenns wehtut“.

Icebreaker:

Wann ging es dir mal so richtig beschissen?

Impulse zum Weiterdenken:

→ Welche von den Sätzen aus dem Selbstgespräch mitten im Elend kennst du und hast sie innerlich auch schon mal gesprochen?

→ Warum gibt Gott keine Erklärung für das Leiden?

→ Wie kann man einen trösten, den es wirklich heftig getroffen hat?

Bibelvers zum Beherzigen:

„Ich bin arm und elend, der Herr aber sorgt für mich.“ (Psalm 40,18)

#53

GOTTES ANTWORT AUF DAS LEIDEN

Dass Gott denen nahe ist, die nicht einfach auf der Sonnenseite des Lebens stehen, das hatte Jesus schon am Anfang gesagt. Das hatte er gerade denjenigen versprochen, denen man das auf den ersten Blick gar nicht ansehen konnte: den Armen, Verfolgten und Benachteiligten. Also den echten Verlierern: „Selig sind, die da geistlich arm sind; denn ihrer ist das Himmelreich. Selig sind, die da Leid tragen; denn sie sollen getröstet werden." (Matthäus 5,3f.) Da steht auch die Schwäche einfach so in der Nähe Gottes. Wer Gott nahe kommt, wird nicht reich. Der wird nicht automatisch stark. Der wird nicht einfach glücklich. Sondern der kann sein Glück und sein Elend mit Gott teilen. Für den ist beides gleich nahe bei Gott, der Erfolg und das Scheitern. Das bedeutet es, „glücklich" oder „selig" zu sein. Und das heißt zugleich: Der hat Hoffnung. Mitten in der Ungerechtigkeit. Mitten im Scheitern. Mitten in der Krankheit. Du kannst sogar dein Leben verlieren, ohne die Hoffnung aufzugeben.

Das hat Jesus gelebt: Er hat selber auf Gottes Fürsorge vertraut, noch während seiner Hinrichtung. Er hat geweint, gebetet, gefleht, um Rettung aus der Not, aus seiner Ohnmacht, aus dem Tod. Und wurde immer schwächer. „Heil dir im Siegerkranz, du Möchtegern-Messias, heil dich doch selber, wenn du der Erlöser bist!", haben sie ihn verspottet, die Passanten und die angeblichen Gottversteher. Aber heimlich war es ihnen hinter dem Spott ernst mit dieser Erwartung: Jesus müsste sich doch selber helfen, wenn er der Erlöser wäre! Weil sie sich einfach nicht vorstellen konnten, dass einer, der mit Gott verbunden ist, so schwach werden könnte. Aber das Heil und die Gnade sollte gerade so Wirklichkeit werden.

Jesus hat dieses Leiden nicht gespielt, der hat das selber gelernt, sagt der Hebräerbrief. Er hat „durch Leiden den Gehorsam gelernt", heißt es. (Hebräer 5,8) Also auf die ganz harte Tour. Jesus ist seinem Vater im Dunkel, im Leiden, im Tod begegnet. Der *schwache* Jesus, der ohnmächtige, ist unser Erlöser! Nicht der starke, mächtige! „Der Sohn Gottes hat bis in den Tod gelitten – nicht, damit die Menschen nicht leiden müssen, sondern damit ihre Leiden dem seinen ähnlich seien."[5] Alles, was dir an Schlimmem passiert, bekommt auf diese Weise eine neue Gestalt: Es wird zu einer Anteilnahme am Kreuz von Jesus. Auf diese Weise wächst dein Leben mit dem von Jesus auch an dieser Stelle zusammen. Das heißt dann: Dein Elend ist dann wie das Leiden von Jesus.

[5] Das Zitat aus George McDonald, Unspoken Sermons, auf Seite 238, und auch sonst einige Inspiration habe ich aus Timothy Kellers Buch: Gott im Leid begegnen, Gießen 2015.

Es ist fast so, als würdest du dein Kreuz auf dich nehmen. Dein Auf und Ab bekommt die Gestalt von Karfreitag und Ostern, mitten im Alltag. Du teilst also sein Schicksal. Wenn du in einer ähnlichen Situation bist, dann kannst du sozusagen unisono mit Jesus beten: „In deine Hände befehle ich meinen Geist; du hast mich erlöst." (Psalm 31,6) Das hat Jesus am Kreuz gebetet, als er gestorben ist.

Wenn du das betest, verbindet sich dein Schicksal, dein Elend mit dem von Jesus. Sein Tod hat ja was mit deinem zu tun.

Wenn also Vertrauen verdient werden will, hat Gott deshalb unser absolutes Vertrauen ohne Wenn und Aber verdient: mit seiner Angst, mit seinen Narben und Wunden, die ihn seine Liebe gekostet haben! Deshalb kannst du Gott seine Fürsorge und seine Nähe glauben, egal wie es dir geht! Da brauchst du dein Elend und das Leiden der Welt nicht mehr von Gott zu trennen. Du kannst es in die unmittelbare Nähe Gottes stellen. Genau daneben. Auch dein Leiden. Wenn das gelingt, dann ist diese Zwickmühle zerbrochen, die einem die Nähe Gottes im eigenen Wohlergehen vorspielt und seine Abwesenheit im eigenen Leid einredet. Klar kann ich Gott danken, wenn es mir gut geht, und ich kann ihn bitten, wenn mir was fehlt, ich kann ihm mein Elend klagen, wenn ich meine, ich stünde auf der Schattenseite des Lebens und das Leben hätte mich zu hart angefasst. Das ist sogar wichtig: Dadurch kommst du Gott ja nahe! Indem du mit ihm alles teilst. Dadurch ist Gott ja bei dir. Es gibt aber noch einen weiteren Schritt der Verbundenheit: So kannst du ihm nach und nach auch wirklich beides in die Hände legen und abgeben. Dein Glück und dein Leid. Wenn du dein Glück, das dir unter den Händen zerrinnt, weinend in die Hände legst, dann kannst du ihm schließlich auch dein Leid lachend abgeben. Denn wenn du sogar im Tod mit Jesus verbunden bist, dann auch mit seiner Auferstehung. Mach es dir immer wieder bewusst, besser noch: Lass es dir sagen: Egal, was dir im Leben passieren kann, du kommst trotzdem ans Ziel. Dein Sieg steht schon fest. Du hast es sogar schriftlich, dieses Versprechen: Du bist nämlich getauft. Auf den Tod und die Auferstehung von Jesus. (Römer 6,3ff.) Deshalb verbinde dich im Leiden noch mal bewusst mit Jesus.

Gott erklärt dir dein Leiden nicht. Er verbindet sich darin mit dir.
#jesusistheanswer

Gott gibt dir zuletzt keine Antwort auf die vielen Fragen. Wenn Gott überhaupt eine Antwort auf das Leid hat, dann ist das Jesus. Also nicht etwas, sondern jemand. Schon deshalb, weil dich keine Erklärung tröstet, sondern Nähe. Mit jemandem verbunden zu sein, das tröstet. Und stärkt deine Hoffnung. Denn einmal wird er dich mit deinem Leid auf den Schoß nehmen, du darfst so lange heulen, bis es besser ist, er nimmt ein Taschentuch, putzt dir die Nase und trocknet dir die Tränen ab. (Offenbarung 21,4)

Icebreaker:

Mit wem fühlst du dich so richtig verbunden? Und warum?

Impulse zum Weiterdenken:

- **Hat mein Auf und Ab im Leben denn gar nichts mit Gott zu tun? Was ist, wenn ich Gott um Heilung bitte und er erhört das Gebet?**
- **Guckt euch die sieben Worte Jesu am Kreuz an und überlegt, in welcher Situation ihr damit verbunden seid.**
- **Versucht doch mal gemeinsam, eure Antwort auf die Frage zu finden: „Was ist dein einziger Trost im Leben und im Sterben"? (1. Frage des Heidelberger Katechismus)**

Vers zum Beherzigen:

Wenn ich nur dich habe, so frage ich nichts nach Himmel und Erde. Wenn mir gleich Leib und Seele verschmachtet, so bist du doch, Gott, allezeit meines Herzens Trost und mein Teil." (Psalm 73,25f.)

Hier ist ein Gebet von Dietrich Bonhoeffer aus der Gefängniszelle, wo genau das passiert: Sein Leid in die Nähe Gottes stellen. Das lohnt sich, auswendig zu lernen: „Gott, in mir ist es dunkel, aber bei Dir ist das Licht. Ich bin einsam, aber Du verlässt mich nicht. Ich bin mutlos, aber Du hilfst mir. Ich bin unruhig, aber Du schenkst mir Frieden. In mir ist Bitterkeit, aber bei Dir ist Geduld. Ich verstehe Deine Wege nicht, aber Du weißt den Weg für mich."

#54

VOM ENDE HER LEBEN

Ich liebe Actionfilme. Besonders die, wo ich mir einfach nicht mehr vorstellen kann, wie der Held noch aus der Klemme findet. Aber weil ich im Kino sitze und weiß, dass der Streifen gut ausgeht, kaue ich nicht auf meinen Nägeln, sondern finde das spannend: Wie findet Tom Cruise in „Mission Impossible" aus dieser Nummer bloß wieder raus? Dann ist die Geschichte ein Abenteuer – und keine Katastrophe. Im Grunde guckt man einen solchen Film vom Ende her, auch wenn man den Ausgang der Story noch nicht kennt. Wie wäre es, wenn du dein Leben genauso leben könntest? Wenn es stimmt, dass Gott in deinem Leben keine Rolle spielt, sondern der Regisseur ist, und wenn dich nichts mehr trennen kann von seiner Liebe (Römer 8,38), dann bedeutet das doch: Je schlimmer es kommt, desto mehr darfst du hoffen! Je größer die Probleme, desto schöner die Rettung! Gott hilft: spätestens rechtzeitig. Dann kannst du in der Patsche sitzen und fragen: Wie kann das Gott noch so drehen, dass ich gerade dadurch mein Ziel erreiche? Denen, die Gott lieben, müssen doch alle Dinge zum Besten dienen! (Römer 8,28) Der Apostel Paulus hat so gelebt. Als er mal im Gefängnis saß und keine Ahnung hatte, ob es das für ihn jetzt gewesen war, schrieb er seiner Lieblingsgemeinde:

„Ich weiß doch, dass Gott fertig macht, was er angefangen hat. Deshalb kann mich beides ans Ziel bringen. Ist doch beides toll. Hier zu leben und die Aufgabe zu erfüllen, die ich im Leben habe. Oder bei Jesus zu sein und meine Bestimmung gefunden zu haben. Egal wie: Ich gewinne immer." (vergleiche Philipper 1,21-23) Auch wenn du nicht im Knast sitzt, kannst du genauso leben, dass alles für dich eine Win-win-Situation wird.

Den Ausgang des Films zu kennen, ist auch das Grundmotiv der Offenbarung des Johannes im Neuen Testament.[6] In diesem letzten Buch in der Bibel geht es nur vordergründig um eine Schilderung, was alles Schlimmes passiert, bevor Jesus wiederkommt. Diese Schrift sollte den kleinen, verfolgten und ziemlich verzagten christlichen Gemeinden in Kleinsasien (heute liegt das in der Türkei) Mut machen (z.B. Offenbarung 3,7-13): „Ihr seid nicht alleine! Zwischen Himmel und Erde geht's rund, euer Elend und euer Schicksal ist Teil des großen Kampfes des Lichtes gegen die Finsternis. Ihr steht mitten im Getümmel, wundert euch deshalb nicht." Aber jedes Mal, bevor man die Flinte ins Korn wirft, weil man es nicht mehr aushält, gibt es in der Offen-

[6] Dazu kannst du noch mal aus der #gottesgeschichte, Kapitel Nr. 78 bis 82 nachlesen.

barung eine Vorschau auf das Ende. Auf die Siegesfeiern. Das Buch ist durchzogen von großen Lobliedern auf Gottes Sieg (zum Beispiel in Offenbarung 4 und 5; 11,15-19; 19,1- 10). Da ist es ein bisschen so, als hätte das Leben wirklich eine Filmmusik, wo trotz vorübergehender Niederlage schon der Soundtrack des Sieges erklingt. Das kennst du vielleicht aus Filmen, dass mit der richtigen Musik die Handlung ganz anders wahrgenommen wird. Intensiver manchmal, spannungsreicher, und manchmal eben voll Zuversicht, weil das gute Ende schon „anklingt".

Das kann man an drei Stellen im christlichen Alltag einüben: im Gottesdienst, beim Abendmahl und in der Erinnerung an die eigene Taufe. Im Grunde passiert da etwas Ähnliches. Im Gottesdienst sind Leute zusammen, denen es gerade sehr unterschiedlich geht. Und denen womöglich gerade überhaupt nicht nach Lobliedern zumute ist. Sie stecken mitten in ihren Problemen: Die eine trauert gerade um ihre Mutter. Ein Konfi ist da und hat totalen Stress in der Schule. Und einer fürchtet sich vor der Chemo, die auf ihn wartet, seit er weiß, dass er Krebs hat. Aber wenn eine Gemeinde einen Psalm spricht, singt der Himmel sozusagen mit. Wenn Christen Abendmahl feiern, ist es, als säßen sie schon an Gottes Festtafel und alles wäre gut. Und bei jeder Taufe wird das Ende des Lebens schon vorweggenommen und schon mal vorab die Auferstehung gefeiert. Die Taufe ist nämlich sozusagen eine Inszenierung des Todes. Der Täufling stirbt symbolisch, zusammen mit Jesus. Und geht, wie er, auf die Auferstehung zu. Danach unterliegt sein Leben nicht mehr der alten Zeitrechnung: erst leben, dann sterben. Das ist die ablaufende Zeit, wie in einer Sanduhr. Deine Zeit läuft ab, und am Ende musst du bezahlen. Aber ab deiner Taufe ist es umgekehrt: Du lebst, als wäre dein Leben schon abbezahlt. Als würde dein Leben nicht ablaufen, sondern du würdest umgekehrt einholen, was am Ende auf dich wartet. Du lebst auf deine Erneuerung hin. Eben umgekehrt: Dein Leben geht nicht langsam

Leb so, als wärst du auf dem Weg zum Ziel, das schon feststeht.
#platzreservierung

kaputt, sondern es wird langsam heil! Da wird die Geschichte vom Ende her gelebt, mit der Gewissheit: Dein Leben hat ein Happy End. Du kannst dein Leben nicht mehr versauen. Jedenfalls nicht aus Gottes Blickwinkel. Darauf kannst du bauen. Ich finde das wirklich eine tolle Perspektive für mein Leben. Als Getaufter in die Fußstapfen von Jesus zu treten. Und ein Ziel zu haben: den Himmel. Das tolle ist: Der Weg ist kein Weg ins Ungewisse. Dein Platz im Himmel ist reserviert. Mit Namensschild.

Icebreaker:

Welche Filmmusik gefällt dir am besten?

Impulse zum Weiterdenken:

→ **Fallen euch noch andere Lebensbereiche ein, die man vom Ende her betrachten könnte?**

→ **Was bedeutet dir deine Taufe?**

Vers zum Beherzigen:

„Der Gott aller Gnade aber, der euch berufen hat zu seiner ewigen Herrlichkeit in Christus, der wird euch, die ihr eine kleine Zeit leidet, aufrichten, stärken, kräftigen, gründen.“

(1. Petrus 5,10)

Oder: „Wir wissen aber, dass denen, die Gott lieben, alle Dinge zum Besten dienen, denen, die nach seinem Ratschluss berufen sind. Denn die er ausersehen hat, die hat er auch vorherbestimmt, dass sie gleich sein sollten dem Bild seines Sohnes, damit dieser der Erstgeborene sei unter vielen Brüdern.“

(Römer 8,28f.)

#55
WELCHES
ZIEL HAST
DU IM
LEBEN?

Leb auf dein Happy End zu! Mit jedem Tag kommst du ihm näher. Wie das geht, möchte ich dir in diesem und im nächsten Kapitel mit zwei Zeitreisen zeigen. Wir beamen uns ans Ende deines Lebens. Ich weiß, wer jung ist, hat keine Lust, über sein eigenes Lebensende nachzudenken. Dafür hat man später noch Zeit. Das soll auch nicht klingen wie die Werbung für eine Lebensversicherung. Aber vielleicht hast du ja trotzdem Lust auf diesen ungewöhnlichen Ausflug.

Eine Frage: Wann hat man eigentlich genug gelebt? Bei vielen löst so eine Frage einen Hamster- Reflex aus. Weil man eigentlich nie genug vom Leben haben kann. Es gibt ziemliche viele Filme, wo Leute nur noch begrenzte Zeit zum Leben haben und dann eine Liste mit Sachen aufstellen, was sie alles vor ihrem Exitus noch erleben wollen: Fallschirmspringen, was Verrücktes tun, ans Ende der Welt fahren, Sex an allen möglichen Orten ... Das meiste davon hat mit Spaß zu tun, so als wäre das Leben eine Art Besuch im Freizeitpark, und jeder sieht zu, dass er mit allen Fahrgeschäften mal eine Runde dreht, und je weiter die Zeit fortschreitet, desto größer wird die Panik bei den Besuchern: Ich hab überhaupt noch nicht alles ausprobiert! Die sprichwörtliche Torschlusspanik.

Aber dahinter steht eine ernste Frage: Warum bist du auf der Welt? Um möglichst viel zu erleben? Ich finde eine solche Lebenshaltung auf den zweiten Blick eher traurig. Klar, es ist toll, was für ein intensives und abwechslungsreiches Leben ich habe. Verglichen mit dem meiner Urgroßeltern zum Beispiel. Früher hatten die Leute einen guten Anzug, der ein Leben lang hielt. Und waren einmal im Leben im Urlaub. In den Flitterwochen. Im Allgäu. Wenn überhaupt. Ich werde in meinem Leben die sagenhafte Strecke von 820.000 km mit dem Auto zurückgelegt haben, das ist die Strecke einmal zum Mond und zurück. Der Hausrat eines Lebens mit kleiner Landwirtschaft im Fachwerkhäuschen auf dem Dorf hält sich im Vergleich zu meinem in bescheidenen Grenzen: Ich werde durchschnittlich zehn Autos gefahren haben, elf Computer gekauft, vier Kühlschränke, sechs Fernseher und drei Waschmaschinen. Alles nur für mich! Manchmal, in den seltenen Momenten, wo ich eine Ahnung von der Gesamtheit meines Lebens bekomme, werde ich kleinlaut, wenn mein Leben in Zahlen zu messen wäre, zum Beispiel in der Menge an Bier, die ich in meinem Leben trinke: 1100 Kästen, das ergibt einen schönen Turm. Ich habe mal nachgeguckt, was ein Mensch in Deutschland durchschnittlich in seinem

Leben verbraucht, wie viel Wasser (3,7 Mio Liter, der Inhalt eines Sees), wie viel Fleisch er isst (3,2 Kühe, 5,1 Schafe und eine ganze Schweineherde), wie lange einer im Leben Fernsehen guckt (6,2 Jahre) und wie viel Müll er hinterlässt (sagenhafte 35 Tonnen, 2 große Sattelschlepper voll, nur von einem einzigen Menschen!). Es ist schon beklemmend, wenn man sein Leben auf diese Weise ansieht. Was ich als sogenannter „Normalverbraucher" wirklich verbrauche. Allein für mich 44.000 Liter Benzin! Damit ich meinen Lebensstil halten kann. Ehrlich gesagt drehen sich sehr viele meiner Gedanken darum, wie ich die Dinge bekomme oder erhalte, die ich verbrauche. Meine alltäglichen Gedanken, auch meine Wünsche drehen sich ums Kaufen, ums Essen, Genießen, ums Bauen, ums Reisen. Ich habe den Eindruck, dass unser Selbstbild mehr von der Vorstellung geprägt ist, was wir verbrauchen, was wir konsumieren, als davon, was wir hinterlassen. Und dann trifft mich die triviale Tatsache, dass ich „Normalverbraucher" bin, wie ein Vorschlaghammer. Woher ich mir das Recht nehme, das alles zu verbrauchen. Wozu bin ich eigentlich hier?

Welches Spiel spielst du im Leben? Sind deine Spielregeln: möglichst viel mitnehmen und nichts anbrennen lassen? In Wirklichkeit strampelst du im Hamsterrad. Vorankommen musst du, aufsteigen, einsammeln, was zu kriegen ist, dir die Butter nicht vom Brot nehmen lassen, stärker werden, schlauer, reicher, mit einem Wort: zunehmen. Auf jeden Fall nehmen. Dann nimmst du in Wirklichkeit ab. Du sammelst dein Leben lang, versuchst, alles festzuhalten, und am Ende bist du tot. Wie der reiche Kornbauer (Lukas 12,13-21), der wie blöd geschuftet hat, um seine immer größer werdende Ernte in immer größere Scheunen zu bunkern, alles mit der Ausrede: „Wenn ich dann mal in Rente gehe, genieße ich meine vollen Scheunen." Bis er umgekippt ist. Dieses Spiel ist in. Alle Welt spielt es. Und alle wollen gewinnen. Und merken nicht, dass sie schon bei Spielbeginn verloren haben! Klar, ist ja auch so: Das Leben ist keine Tombola, man muss halt zusehen, dass man was abkriegt. Aber die Spieler, die sich noch über ihren Sieg freuen und darüber, dass sie diesmal davongekommen sind, treten ja beim nächsten Spiel wieder an! Du kannst bei dem Spiel nicht gewinnen. Weil du gegen den Tod spielst.

Dein Leben ist nicht umsonst.
Es hat ein Ziel: Ankommen. Bei Gott.
#ankommenistalles

Aber deshalb bist du nicht hier. Jedenfalls nicht aus Gottes Perspektive betrachtet. Nicht bloß, um aus deinem Leben eine Riesensause zu machen, als gäb's kein Morgen. Du sollst irgendwo ankommen! Alle, die dir sagen, der Weg sei das Ziel, die wissen bloß nicht, wo es hingeht. Dein Leben hat ein Ziel! Auf der Ziellinie warten sie auf dich! Zwischendurch verschnaufen, klar, sich zwischendurch verlaufen, auch normal, zwischendurch Gänseblümchen pflücken, gehört auch dazu, zwischendurch feiern und es krachen lassen, auch wichtig, aber Gott hat dir keinen Besuch im Freizeitpark versprochen, auch keine ruhige Kreuzfahrt, sondern die sichere Ankunft im Hafen!

Icebreaker:

Was ist dein Lieblings-Fahrgeschäft auf dem Jahrmarkt (oder im Freizeitpark)?

Impulse zum Weiterdenken:

- → **Gibt es etwas, wovon du nie genug kriegst?**
- → **Guckt eine Runde Werbung auf einem Privatkanal und überlegt, welche Zielgruppe angesprochen werden soll und wie die Werte aussehen, die damit vermittelt werden. Aber bitte wegzappen, bevor euch schlecht wird!**
- → **Was ist dein Ziel im Leben? Wie möchtest du sein, wenn du 75 bist?**

Bibelvers zum Beherzigen:

„Wenn die Toten nicht auferstehen, dann ‚lasst uns essen und trinken; denn morgen sind wir tot!' ... Lasst euch nicht verführen!" (1. Korinther 15,32f.)
Oder: „Ich vergesse, was dahinten ist, und strecke mich aus nach dem, was da vorne ist, und jage nach dem vorgesteckten Ziel, dem Siegespreis der himmlischen Berufung Gottes in Christus Jesus."
(Philipper 3,13f.)

#56

REIF WERDEN FÜR DIE EWIGKEIT

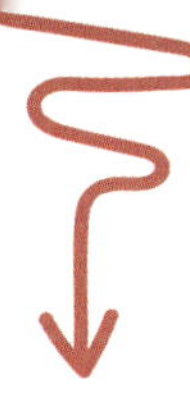

Wann ist dein Leben eigentlich vollendet? Das frage ich noch mal. Wenn du alles perfekt beherrschst? Ich möchte mit dir noch eine weitere Zeitreise machen. Wenn du mal alt bist. Nein, zapp jetzt nicht weg, sondern komm mit, sei nicht feige: Wir starten im Zeitraffer. Du hast deine Ausbildung geschafft, hast eine Stelle gefunden, vielleicht eine Familie gegründet, Kinder großgezogen, ein Haus gebaut. Und dann bist du wer, hast es allen gezeigt und kannst was. Was kommt dann? Wenn du auf dem Gipfel stehst, kommt danach dann der Abstieg?

Alle wollen immer jung bleiben, auch die Alten, und zwängen sich in einen papageienbunten Spandex-Radlerdress. Aber irgendwann kannst du deine Jugend nicht mehr konservieren, dann meldet sich das Gefühl: „*Das* geht nicht mehr, *dazu* habe ich nicht mehr die Kraft, Sport ist nicht mehr, es wird immer weniger." Das ist fürchterlich für die meisten: so viele Defizite! „Alt werden ist nichts für Feiglinge", sagen die Oldies selber, wenn du sie fragst. Aber das ist zugleich die Problemanzeige! Das Älterwerden kommt einem vor wie ein einziger Abschied. Alles nimmt ab. Klar, dass da keiner jetzt schon dran denken will.

Zumindest sieht alles danach aus, wenn man zeitlebens das „alte Spiel" im Leben gewohnt war. Der Apostel Paulus hat seine Leute auch gefragt, welches Spiel sie im Leben spielen wollen. Das eine funktioniert nach den Regeln dieser Welt, das andere nach den Regeln Gottes. (Bei Paulus heißen die beiden Spiele: „Fleisch" und „Geist", lies nach in Römer 8,5-17.) Und das Spiel Gottes geht anders. Es hat nicht das Ziel: „Nimm mit, was geht", so im letzten Kapitel. Sondern: Hingabe. Und dabei lernst du, abzugeben, kleiner zu werden, andere groß zu machen und ins Spiel zu bringen. Du lernst loszulassen, abhängig zu werden von anderen und von Gott und dich über diese Bindung zu freuen, statt sie überwinden zu wollen. Du lernst, demütig zu bleiben, ohne kleinmütig zu werden. Es scheint, als würdest du immerzu abnehmen und dich am Ende auflösen. Das Ziel ist nicht, perfekter zu werden. Sondern darauf bauen zu lernen, dass dir vergeben wird. Du wirst auch nicht innerlich stärker, sondern hingebungsvoller. Nicht sicherer, sondern vertrauensvoller und zuversichtlicher. Nicht attraktiver, sondern liebevoller. Das Ziel ist letztlich: Jemanden anderes gewinnen lassen. Gott. Um mit ihm das ewige Leben zu gewinnen. Nicht gegen ihn.

Ich glaube, es gibt einen Reifeprozess, der noch auf uns wartet. Wenn man durch die Pubertät durch ist, das nennt man vielleicht auch „Reife". Und wenn man mal den „Ernst des Lebens" kennengelernt hat, dann ist man irgendwie erwachsen. Aber es gibt einen weiteren Schritt im Reifeprozess. Den hat jeder von uns vor sich. „Wir sind nicht umsonst auf diese Welt gesetzt. Wir sollen hier reif werden für eine andere" (sagte Matthias Claudius). Wie geht das, reif zu werden für die Ewigkeit? Das ist auf jeden Fall was anderes als immer gebildeter, erfahrener, abgeklärter zu werden. Reif zu werden für die Ewigkeit heißt, nicht mehr alles selber machen zu wollen. Kleine Kinder sollen lernen, etwas alleine zu können. Wenn man am anderen Ende des Lebens ist, muss man das andere üben. Die größte Schwäche der Stärke ist bekanntlich, auf die eigene Kraft zu vertrauen (wie wir schon in Kapitel 44 festgestellt haben). Reif zu werden für die Ewigkeit bedeutet dann, immer weniger auf die eigene Kraft zu bauen und immer abhängiger von Gott zu werden. Und diese Abhängigkeit nicht bloß hinzunehmen, sondern zu umarmen! „Gott zu brauchen ist die größte Vollkommenheit des Menschen", hat der dänische Philosoph Søren Kierkegaard gesagt. Das hat mit dem Reifen auf die Ewigkeit hin zu tun. Von außen betrachtet sieht dieser Reifeprozess womöglich so aus, dass du immer weniger kannst, weißt, verstehst, nicht mehr hinters Steuer darfst und der Pflegedienst dich wäscht. Wie entwürdigend. Aber es gibt eine Würde, die hat mit dieser Reife zu tun, wo in meiner Schwäche die Kraft Gottes zum Ausdruck kommt. Reif für die Ewigkeit bin ich dann, wenn ich mit meinem Latein am Ende bin. Wenn ich schließlich nichts mehr in der Hand habe. Lasse ich es dann zu, dass Gott mit mir alle Möglichkeiten hat? Wenn ich nicht mal mehr einen Löffel halten kann? Gerade, wenn mir alles genommen ist, dann gibt Er alles. Er gibt mir sogar sein Leben, wenn meins seinen Geist aufgibt. Bei dieser Reife geht es nicht um ein „Mehr". Es geht um ein „Tiefer". Es geht darum, tiefer in ein Geheimnis einzutauchen.

Dein Trost im Leben und im Sterben hängt daran, dass du dich nicht selber halten musst. Dass du dir nicht selber gehörst. Dass die Verbindung zu Jesus sogar über den Tod hinaus reicht!

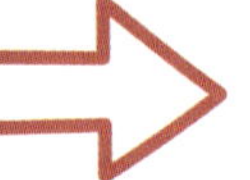

Reif werden für die Ewigkeit bedeutet, dass alles abnehmen kann. Außer Glaube, Liebe und Hoffnung. Die nehmen zu.

#nichtmehrsonderntiefer

Du gehörst Gott! Und der gibt dich nicht mehr her. Wenn der Tod bei dir anklopft und sagt: „So, ich hätte jetzt gerne, was mir zusteht, ich komme kassieren, der Preis fürs Leben wird fällig", dann macht Gott auf und sagt: „Verschwinde, ich hab dich damals doch schon ausgezahlt. Was mir gehört, gebe ich nicht wieder her!" Wer in Gottes Hand ist, der bleibt in Gottes Hand. Für den hat der Tod seinen „Stachel" verloren (1. Korinther 15,55): Für den ist der Tod wie „Einschlafen 2.0". „Viele Menschen wünschen sich, ruhig im Schlaf zu sterben. Viel wichtiger ist aber, in den Armen von Jesus aufzuwachen" (Arno Backhaus). Dann, wenn ich nichts mehr kann, außer einzuschlafen und diese Schwäche und Abhängigkeit zu umarmen, dann bin ich nicht am Ende. Sondern am Ziel.

Icebreaker:

Stell dir vor, du müsstest Ballast in deinem Leben abwerfen. Was kannst du zuerst loslassen? Und wie viele Runden kannst du ohne Murren durchhalten?

Impulse zum Weiterdenken:

- **Hast du dir schon mal Gedanken über den Tod gemacht?**
- **Ladet einen Senior aus eurer Gemeinde ein und fragt ihn, wie es ist, das Älterwerden: Was ist daran schön, was ätzend, und was spannend?**
- **Wo könnte man diese „Reife" schon jetzt einüben?**

Bibelvers zum Beherzigen:

„So auch die Auferstehung der Toten. Es wird gesät verweslich und wird auferstehen unverweslich. Es wird gesät in Niedrigkeit und wird auferstehen in Herrlichkeit. Es wird gesät in Schwachheit und wird auferstehen in Kraft. Es wird gesät ein natürlicher Leib und wird auferstehen ein geistlicher Leib. Gibt es einen natürlichen Leib, so gibt es auch einen geistlichen Leib."

(1. Korinther 15,42ff.)

#57

GOTTES SCHÖPFUNG IST NOCH NICHT FERTIG

Du wunderst dich vielleicht, warum ich jetzt erst von „Schöpfung“ rede, wo das Buch fast zu Ende ist. Das gehört doch an den Anfang! Aber der erste Anfang und das Ende von allem gehören ganz eng zusammen. Die Geschichte Gottes handelt davon, wie Gott es am Ende schafft, dass wirklich alles gut wird. Was es vorher nie gewesen war. Außer in dem Augenblick, wo Gott ins Dasein rief, was vorher nicht da war, und sagte: „Echt gut. Die Wirklichkeit“. Denn sowohl am Anfang als auch am Ende geht es um „alles oder nichts“.

Jetzt erst mal der Anfang: Die Welt als Gottes Schöpfung zu sehen, bedeutet nicht, sich dümmer zu stellen als man ist. Weil die Welt nicht in sechs Tagen entstanden und nur ein paar Tausend Jahre alt ist. Aber wer von Physik und Biologie eine Ahnung hat, muss seinen Glauben nicht in die Tonne kloppen. Im Gegenteil: Die physikalische und biologische Welt als Gottes Schöpfung zu sehen, lehrt dich das Staunen: Warum ist überhaupt was da? Und nicht etwa nichts? Oder du wunderst dich darüber, dass etwas wirklich lebt. Und gerätst ins Stottern, wenn du versuchst, zu begreifen, dass Gott etwas, das nicht da war, aus dem Nichts heraus geschaffen hat. Also kreativ war. Vorher gab es ja noch keine Idee von etwas, das „Wirklichkeit“ sein könnte. Und dann war plötzlich was da. Du kannst aber auch einem Säugling ins Gesicht sehen und Gott auf frischer Tat ertappen. (Das hat Martin Luther mal gesagt.) Wenn ein Baby das erste Mal seine Augen öffnet und wirklich etwas sieht. Oder jemanden erkennt. Wenn es das erste Mal „Mama“ sagt. Wenn das kein Wunder ist, dann wundert dich nichts mehr! Ich glaube, so bekommt man eher eine Ahnung davon, was es bedeutet, dass Gott der Schöpfer ist: Wenn du merkst, dass er *dein* Schöpfer ist.

Aber leider kann man an der Wirklichkeit nicht einfach ablesen, dass Gott da ist. Dass er die Welt geschaffen hat. Dass sie eine Bedeutung hat und nicht zufällig da ist. Dass sie also „gewollt“ ist. Die Schöpfung weist nicht ohne weiteres auf ihren Schöpfer hin: als würde an der blühenden Orchidee ein Schildchen baumeln: „Copyright by God – for your pleasure. You're welcome.“ Die Welt ist kein Schaufenster, an dem man sich Nase plattdrückt. Sie sieht manchmal traumhaft schön aus und lässt einen schwärmen. Klar. Aber dahinter liegt trotzdem ein Abgrund. Was du zu sehen kriegst, ist nämlich nicht bloß der tolle Sonnenuntergang am Meer. Sondern genauso das Erdbeben und der Tsunami, der das Leben verschlingt. Und die Seuche, die wahllos jeden killt. Das soll die Note „sehr gut“ verdient haben, so wie das in der Schöpfungsgeschichte klingt? Es ist eben längst nicht alles gut. Von der Welt, wie sie ist, auf ihren Schöpfer zu schließen, ist deshalb nicht möglich, weil die tiefe Trennung zwischen Gott und Menschen die ganze Wirklichkeit betrifft: Sie ist die „gefallene Schöpfung“. Der tiefe Graben, der uns von Gott trennt, macht auch das naive Ansehen der Welt und den Rückschluss auf Gott unmöglich. Weil Gott noch nicht fertig ist.

Und jetzt zu dir: Wenn du dich fragst: Wer bin ich eigentlich? Bin ich ein Zufallsprodukt meiner zusammengewürfelten Gene? Bin ich hier gewollt? Kannst du dir das glauben, dass du „wunderbar gemacht bist“, obwohl du grottenschlecht Fußball spielst, schiefe Zähne hast oder häufig Migräne kriegst? Du bist als „Geschöpf Gottes“ nämlich auch immer noch seine Baustelle, und Gott ist an dir immer noch „schöpferisch tätig“. Nicht nur am Anfang. Ich glaube, erst wenn man die Hoffnung auf Vollendung mit dazunimmt, kann man von Gott als Schöpfer reden, ohne dass gleich einer hämisch einwendet: „Also sooo super hat er das alles dann doch nicht hingekriegt.“

Jetzt kommt das Ende: Was es wirklich bedeutet, dass Gott die Welt geschaffen hat und dein Schöpfer ist, das wird erst dann klar, wenn es um alles oder nichts geht: Am Anfang, als Gott aus nichts was gemacht hat. Und ob am Ende wieder nichts ist oder was bleibt. Das bewährt sich, wenn du der Wirklichkeit ins Auge sehen musst, dass du irgendwann nicht mehr da sein wirst. Du weißt es dein ganzes Leben lang. Aber glauben kannst du es nicht wirklich. Womöglich merkt man es erst, wenn man wirklich nichts anderes mehr hat als die Hoffnung auf Gott, dass du entweder ein Werk Gottes bist – oder nichts. Wenn dein Tod bedeutet, dass du nicht mehr da bist und das so ist wie die Millionen Jahre, bevor du auf die Welt gekommen bist, dann ist der Wimpernschlag dazwischen gar nichts, weil keiner daran denkt. Aber wenn es stimmt, dass Gott dich geschaffen hat, dann bist du ein Gedanke Gottes! Und wenn es stimmt, dass Gott mit dir geredet hat, dann bist du in Wahrheit un-

Was Gottes Schöpfung ist, nämlich „sehr gut“, das zeigt sich vom Ende her.

#kreativ

sterblich, hat Martin Luther mal gesagt. Weil dieses Wort bleibt, für immer, so wie eine Spur im Netz, das nichts vergisst. Du bist und bleibst ein Werk Gottes! Ein Kunstwerk. Die ganze Zeit hat Gott an dir gearbeitet, er war nicht fertig mit dir, als du auf die Welt gekommen bist. Sondern das war erst der Anfang! Erst jetzt, ganz am Ende, vollendet Gott sein Werk. Seine Schöpfung. Denn was Gott angefangen hat, das bringt er auch zu Ende!

Icebreaker:

Worüber hast du dich in letzter Zeit „gewundert"?

Impulse zum Weiterdenken:

→ Ist die Schöpfungsgeschichte der Bibel für dich ein Widerspruch zur Naturwissenschaft?

→ Inszeniert in eurem Kreis ein Podiums-Streitgespräch. Bildet zwei Seiten: auf der einen Seite rationale Naturwissenschaftler, für die alles nur Zufall ist, dagegen die „kreativen" Künstler, die versuchen, die Welt mit Gottes Augen zu sehen. Tauscht eure Argumente aus!

→ Ist ein Kind, das mit einem genetischen Defekt auf die Welt kommt, so nicht von Gott gewollt? Oder doch?

Bibelvers zum Beherzigen:

„Herr, unser Herrscher, wie herrlich ist dein Name in allen Landen, der du zeigst deine Hoheit am Himmel! Aus dem Munde der jungen Kinder und Säuglinge hast du eine Macht zugerichtet um deiner Feinde willen, dass du vertilgest den Feind und den Rachgierigen. Wenn ich sehe die Himmel, deiner Finger Werk, den Mond und die Sterne, die du bereitet hast."

(Psalm 8,2ff.)

#58

DU BLEIBST GOTTES WERK. FÜR IMMER.

BFF

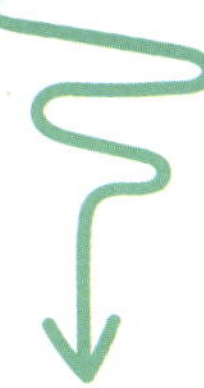

Anfang und Ende gehören zusammen. Auch bei dir. Gott hat dir das Leben geschenkt, als du auf die Welt gekommen bist. Und noch mehr: Er hat dir sein Leben geschenkt, als du mit ihm getauscht hast. Dieses Leben bleibt dein Geschenk. Gott fordert es nicht irgendwann zurück:
„So, jetzt ist mal gut, genug gelebt, jetzt hätte ich das bitte mal wieder zurück, war nur geliehen." Aber dieses neue Leben ist eben immer schon Second Hand. Da steht schon ein Name drauf, auf dem Geschenk: Jesus. Aber das ist der Grund, warum dieses Leben den Tod und das Vernichtetsein schon hinter sich hat.

Das bedeutet es, dass Gott an dir vollendet, was er mit deiner Taufe begonnen hat. Bei deiner Taufe wurde dein Tod vorweggenommen. Du bist symbolisch in den Tod eingetaucht. Und aus dem Wasser wie aus der Tiefe des Todes wieder raufgezogen worden, in ein neues Leben. Deshalb ist deine Taufe sozusagen dein persönliches Osterfest. Die Anzahlung auf deine Auferstehung. Da wird also gleich auch das Happy End deines Lebens vorgefeiert. Das ist auch so was wie eine Zeitreise, weil du dann im Laufe deines Lebens einholst, was schon feststeht. Ohne dass das langweilig wäre. Das ist ein Abenteuer. Und wenn du zurückblickst, wird dein Leben mit Gott nicht leer und öde gewesen sein, sondern gefüllt bis an den Rand. Mit Beten und Arbeiten. Du hast dich beschenken lassen und konntest andere reich machen. Du hast dieses Leben genossen, ohne in Panik zu verfallen, dass du was verpassen könntest, wenn du auch verzichten lernst. Du hast die echte Freiheit kennengelernt und musstest dich nicht von den falschen Versprechungen blenden lassen: dass dein Leben das ist, was du draus machst. Und das alles mit der unverlierbaren Hoffnung: Egal was kommt, welchen Mist ich auch baue, was auch schiefgeht, am Ende wird alles gut. Mein Leben ist nicht wie eine Reise ins Nirgendwo, sondern wie eine Heimkehr. Am Ende wartet meine Vollendung. Das hört sich alles nicht nach Fremdbestimmung an, finde ich.

Aber wenn das dann gar nicht mehr „dein Leben“ ist, sondern das Eigentum von Jesus: Bist du dann noch „du selber“, wenn am Ende eigentlich nicht dein Leben, sondern das von Jesus bleibt? Das könnte man fragen. Aber gerade in dieser unverbrüchlichen Verbindung mit Jesus bist du wirklich du selber geworden, so wie Gott sich dich gedacht hat. Wenn du in Ewigkeit jemand bist, dann ein Gedanke Gottes! Nur so kannst du „du selbst“ bleiben. Für immer. Was von dir als Person den Tod überdauert, das ist nicht von der Verbindung zu Jesus zu trennen. Nicht irgendwas von dir stirbt nicht, deine Seele oder so. Was ist denn deine Seele, wenn nicht du selber? Dann wird offenbar, wozu dich Gott geschaffen hat: nicht, um nach ein paar Jahren wieder abzutreten, sondern um mit ihm zusammen zu bleiben. Nicht der Tod wartet auf dich, also das Nichts, sondern jemand, Jesus, und mit ihm die Auferstehung und das ewige Leben. Und du wirst sein, was Gott immer in dir gesehen hat: Eine Person, die er bei sich haben möchte.

Was von dir in Ewigkeit bleibt,
ist deine unkündbare Verbindung mit Jesus.
#secondhandlife

Icebreaker:

Welche christliche Biografie kennst du? Welche könnte für dich ein Vorbild sein?

Impulse zum Weiterdenken:

→ Welchen Unterschied macht es, eine Biografie aus „weltlicher" oder aus „geistlicher" Perspektive zu schreiben?

→ Wenn du dein Leben aus Gottes Blickwinkel betrachtest, was wird dann wichtig und was unwichtig?

→ Wie stellst du dir deine Seele vor?

Bibelvers zum Beherzigen:

„Denn wir haben hier keine bleibende Stadt, sondern die zukünftige suchen wir."
(Hebräer 13,14)

#59

UND WAS KOMMT DANN?

Die Liebe ist ewig. Was von dir bleibt, ist deine unkaputtbare Verbindung zu Jesus. Genau hier liegt die Begründung für alles, was im christlichen Glauben über das Leben nach dem Tod gesagt werden kann. Die Auferstehung von Jesus ist das Modell dafür: Der auferstandene Jesus war kein Geist. Oder ein wiederbelebter Zombie. Sondern er selber, aber verwandelt. Der hatte sogar noch die Narben! Aber eben geheilt. Das betrifft auch dein ewiges Leben. Das hat sogar schon begonnen: als dein Leben mit Jesus verbunden wurde. Als Keimzelle sozusagen, aus der mal was Wunderbares wird. Das heißt: Du darfst dich auf eine Verwandlung freuen. Du wirst nach dem Modell von Jesus neu gestaltet. Und dann bist du wirklich der, den Gott in dir immer schon gesehen hat. Und du sollst wirklich leben. Nicht irgendeine Unendlichkeit überdauern. Also bloß weiterleben. Selbst wenn du hier auf Erden im Palast mit 100 Zimmern gelebt hast – im Vergleich zum Leben mit Gott ist das wie Camping in einem undichten Zelt mit kaputter Luftmatratze! (2. Korinther 5,1-10)

Für das, was dann kommt, haben die Bibel und der Glaube nur Bilder und keine detaillierte Beschreibung. Denn das lässt sich nur auf diese Weise ausdrücken: durch einen bildhaften Vergleich. Dabei muss man aufpassen, dass man das Bild nicht als Beschreibung missversteht und falsche Schlüsse daraus zieht. Sonst wird's nämlich schief. Von Ewigkeit zu reden bedeutet vor allem nicht, die Zeit einfach unendlich zu verlängern. Das führt unweigerlich zu unauflöslichen Widersprüchen. Hier ein Beispiel aus der Bibel: Ein paar Schriftgelehrte wollten Jesus mal aufs Glatteis führen und fragten ihn: „Sag mal, wenn eine Frau, die mit sieben Männern nacheinander verheiratet war, stirbt und in den Himmel kommt, mit wem ist sie dann zusammen?" Was für eine blöde Frage, meinte Jesus. Als ob der Himmel die Fortsetzung des irdischen Lebens sein könnte. (Markus 12,18-25) Ewigkeit als unendliche Fortsetzung des irdischen Lebens würde auf die Dauer furchtbar öde. Etwas bis in alle Ewigkeit wiederholen zu müssen – selbst das Schlaraffenland wäre irgendwann nur noch die Hölle.

Auch die Vorstellung, die man von „Leben" hat, führt zu Verwicklungen. In einer Folge des legendären „Tatortreinigers" wird Schotty, der Putzmann, in ein Gespräch über das Paradies verwickelt und erzählt: „Paradies geht so: Also, ich komm da an, und meine Freundin (mit der er nicht mehr zusammen ist, aber nach der er sich schrecklich sehnt) kommt mir entgegengerannt, sie lacht und ruft: endlich! Dann umarmt sie mich, küsst mich, und ich schmeiß sie auf eine Wolke, und ... da ist dann schon das erste Problem: Keine Körper mehr.

Sehr schade, denn jetzt hätten wir ja unendlich viel Zeit dafür. ... Und dann kommt das zweite Problem: Wo sind die andern (er meint vor allem seinen Nebenbuhler, der ihm die Freundin ausgespannt hat). ... Für mich ist das dann kein Paradies mehr. Für mich heißt Paradies: Meine Freundin und ich, und sonst nix, niemand. ... Gut, sie und ich und ne Direktschaltung zur Erde mit Bundesligaübertragung." Entlarvend: Dass da der Wunsch der Vater des Gedankens ist, ist ja klar. Das hat mit der Hoffnung des Glaubens nicht viel zu tun. „Der Wille des Menschen ist sein Himmelreich", heißt ein Sprichwort. Und entpuppt sich bei näherem Hinsehen nach einiger Zeit als die Hölle.

Die Bibel hat für das, was danach kommt, Bilder, die nicht zur Deckung gebracht werden können, sich aber auch nicht ausschließen. Das Paradies (Lukas 23,43) zum Beispiel oder den Himmel. Mit Himmel ist übrigens kein Jenseits gemeint. Das ist die Vorstellung aus der griechischen Antike. Die Bibel redet auch vom Reich Gottes, wo Gott und seine Liebe sich endlich ganz und gar durchgesetzt haben. Wo endlich Frieden ist, der den Namen verdient.
Oder sie malt das Bild eines Festmahls, wo endlich alle zusammen sind und die Freude nicht aufhört. (z.B. in Lukas 14,15 und 22,18) Und Jesus ist der Gastgeber. Dein Namensschild an der Festtafel steht schon da. Dabei ist nicht das Bild von immerwährendem Genuss das Wichtigste, sondern der Trost: Kein Leid, keine Träne wird vergessen. Trost entsteht nicht durch Erklärung des Leides, sondern durch Nähe. Die Hoffnung des christlichen Glaubens ist also kein himmlisches Wunschkonzert, sondern richtet sich auf die Erfüllung einer tiefen Sehnsucht: zu schauen, was du vorher geglaubt hast und nur wie in einem Spiegel erahnen konntest. (1. Korinther 13,12) Das ist, wie endlich die Sonne zu sehen, ohne zu erblinden, wo du vorher immer nur Kerzenlicht hattest, und das sogar nur als Bildschirmschoner. (1. Korinther 13,12)

Was all diese Bilder gemeinsam haben, ist, dass wir mit Gott so zusammen sein werden, wie das immer gedacht war. Leben in direkter Gemeinschaft mit Gott. Als neue Schöpfung, nicht als ewige Verlängerung der alten. Am Ende ist nicht alles irgendwie geistig, ohne Körper und Sinne, sondern am Schluss steht eine neue Schöpfung. Das meint Auferstehung. Das ist keine Wiederbelebung. Sondern echtes Leben. Ohne Tod. Du sollst wirklich leben, nicht irgendwie körperlos umherschweben. Wir ziehen in der Ewigkeit nicht unseren Körper

Jesus ist der Prototyp. Alles, was wir über unsere Ewigkeit mit Gott sagen können, lesen wir am Auferstandenen ab.
#fürimmerzusammen

aus und stehen irgendwie nackt da, sondern werden verwandelt. Wir kriegen so was wie neue Klamotten! Die viel besser passen als die alten. (2. Korinther 5,4) Vielleicht ist das ein bisschen so wie die Verwandlung einer Raupe in einen Schmetterling. Auf jeden Fall gilt: „Das Ende der Werke Gottes ist Leiblichkeit". (Friedrich Christoph Oetinger). Das war die ganze Zeit das Kennzeichen von dem, was Gott schafft: Es zielt nicht nach oben, sondern nach unten. Gott will echte Gemeinschaft. Ohne die Sünde, die alles kaputtmacht. Denn Gott ist die Liebe. Das gilt bis in Ewigkeit. Am Ende ist Gott alles in allem. (1. Korinther 15,28) Alle werden so sein wie der auferstandene Jesus. Der vom Vater unterscheidbar, aber nicht zu trennen ist. Die Trennung zwischen Himmel und Erde wird aufgehoben sein. Die zwischen Gestern und Morgen. Immer wird „jetzt" sein: Wenn's am Schönsten ist, und man muss nicht aufhören. Dann ist alles so wie ganz am Anfang, als Gott die Wirklichkeit schuf und alles einfach nur gut war. Also ich freu mich drauf.

Icebreaker:

Kennst du einen Witz, der so anfängt: „Kommt einer in den Himmel..."

Impulse zum Weiterdenken:

→ **Habt ihr noch weitere Vorstellungen vom Leben nach dem Tod? Welche davon sind erkennbar nicht christlich, und welche könnte eine echte „Metapher" sein?**

→ **Der berühmte Theologe Karl Barth soll mal auf die Frage einer Frau, ob sie im Himmel auch ihre Lieben wiedersieht, geantwortet haben: „Ja, aber auch die anderen." Wie hält man es aus, im Himmel, mit den „anderen"? Und was ist, wenn du jemanden, den du sehr liebst, nicht im Himmel wiedersiehst?**

→ **Wenn Gott die Liebe ist, kommt dann letztlich jeder in den Himmel?**

Bibelvers zum Beherzigen:

„Und er wird bei ihnen wohnen, und sie werden seine Völker sein, und er selbst, Gott mit ihnen, wird ihr Gott sein; und Gott wird abwischen alle Tränen von ihren Augen, und der Tod wird nicht mehr sein, noch Leid noch Geschrei noch Schmerz wird mehr sein; denn das Erste ist vergangen."

(Offenbarung 21,3f.)

AUTOR

Dr. Armin Kistenbrügge
geb. 1964, ist Pfarrer in Edingen und Greifenstein und zugleich Polizeipfarrer im Polizeipräsidium Mittelhessen. Am Theologischen Studienzentrum Berlin unterrichtet er junge Theologinnen und Theologen. Er ist verheiratet und hat zwei erwachsene Kinder.

GESTALTER

Andreas Sonnhüter
geb. 1978, war mehrere Jahre als Art Director für verschiedenen Kommunikations-Agenturen tätig. Seit 2008 ist er mit eigenem Grafikbüro (www.grafikbuero-sonnhueter.de) am Niederrhein für bundesweite Kunden tätig. Er ist verheiratet und hat zwei Söhne.

Nachweis für die in den Motiven verwendeten Bilder und Grafiken:

Titelseite: Julia Tim, durantelallera (shutterstock.com); S. 8: Unsplash; Pfeile: mhatzapa (stutterstock.com); S. 10: Unsplash; S. 12: TashaNatasha (shutterstock.com); S. 14: iku4 (shutterstock.com); S. 18: Amanda Carden (shutterstock.com); S. 22: Dmitriip, ellaparabellum (shutterstock.com); S. 26: Master1305 (shutterstock.com); S. 30: jocic (shutterstock.com); S. 34: Rasica (shutterstock.com); S. 38: Mascha Tace (shutterstock.com); S. 42: LightField Studios (shutterstock.com); S. 46: essjay designs (shutterstock.com); S. 50: Unsplash; S. 54: blooon (shutterstock.com); S. 58: G-Stock Studio (shutterstock.com); S. 62: Lia Koltyrina (shutterstock.com); S. 66: Unsplash; S. 68: Pranch (shutterstock.com); S. 70: Martial Red (shutterstock.com); S. 74: Unsplash; S. 78: TierneyMJ (shutterstock.com); S. 82: etraveler (shutterstock.com); S. 84: etraveler (shutterstock.com); S. 86: nakaridore (shutterstock.com); S. 88: Rashad Ashur (shutterstock.com); S. 90: Alexander Baidin (shutterstock.com); S. 94: WAYHOME studio (shutterstock.com); S. 96: kuroksta (shutterstock.com); S. 98: soft_light (shutterstock.com); S. 102: Albina Glisic (shutterstock.com); S. 106: ivector (shutterstock.com); S. 110: lassedesignen (shutterstock.com); S. 114: rudall30 (shutterstock.com); S. 118: Unsplash; S. 120: Phadom (shutterstock.com); S. 122: Trum Ronnarong (shutterstock.com); S. 126: Unsplash; S. 130: Unsplash; S. 132: Unsplash; S. 136: Unsplash; S. 140: graphite8 (shutterstock.com); S. 144: Unsplash; S. 148: aliaksei kruhlenia (shutterstock.com); S. 152: Unsplash; S. 156: Alfredo Caldera (shutterstock.com); 160: Alfredo Caldera (shutterstock.com); S. 164: Unsplash; S. 168: Unsplash; 172: triniguy1868 (shutterstock.com); S. 176: Asier Romero (shutterstock.com); S. 180: Unsplash; S. 184: Stmool (shutterstock.com); S. 188: Unsplash; S. 192: Unsplash; S. 196: Unsplash; S. 198: Unsplash; S. 202: solarseven (shutterstock.com); S. 206: ivector (shutterstock.com); S. 210: Tithi Luadthong (shutterstock.com); S. 214: Unsplash; S. 218: Valery Sidelnykov (shutterstock.com); S. 222: Unsplash; S. 226: maxicam (shutterstock.com); S. 230: iambasic_Studio (shutterstock.com); S. 234: Unsplash; S. 238: Unsplash; S. 242: Mr. Rashad (shutterstock.com); S.

Wenn nicht anders vermerkt, sind die Bibelstellen der folgenden Bibelübersetzung entnommen: Lutherbibel, revidierter Text 2017, © 2016 Deutsche Bibelgesellschaft, Stuttgart.

Die Verse mit dem Zusatz „BB" wurden folgender Übersetzung entnommen: BasisBibel. Das Neue Testament und die Psalmen, © 2012 Deutsche Bibelgesellschaft, Stuttgart.

Wir haben uns bemüht, alle Quellen ausfindig zu machen. Wo es uns nicht gelungen ist, sind wir dankbar für Hinweise.

Bibliografische Information der Deutschen Nationalbibliothek: Die Deutsche Nationalbibliothek verzeichnet diese Publikation in der Deutschen Nationalbibliografie; detaillierte bibliografische Daten sind im Internet über http://dnb.d-nb.de abrufbar.

Gesamtgestaltung: Grafikbüro Sonnhüter, www.grafikbuero-sonnhueter.de
Lektorat: Lea Omers
Verwendete Schriften: Brandon, Festivo LC
Gesamtherstellung: Finidr, s.r.o.
Printed in Czech Republic
ISBN 978-3-7615-6684-8

www.neukirchener-verlage.de